AF281778

Im Garten meiner Seele

Lana Herbel

Im Garten meiner Seele

Lyrik

Bibliografische Information der Deutschen Nationalbibliothek:
Die Deutsche Nationalbibliothek verzeichnet diese Publikation
in der Deutschen Nationalbibliografie; detaillierte
bibliografische Daten sind im Internet über http://dnb.dnb.de
abrufbar.

© 2022 Lana Herbel

Herstellung und Verlag: BoD – Books on Demand, Norderstedt

ISBN: 978-3-7568-5770-8

Für Felix,

weil unsere Seelen sich geküsst haben und nun nicht länger allein sind.

DER
GARTEN

DER GARTEN

Du stehst vor einem eisernen Rosenbogen. Alles an dir fühlt sich leicht an. Die Sonne taucht hinter den Wolken hervor und ihre Strahlen kitzeln dein Gesicht.

Für einen kurzen Moment hältst du inne und horchst auf die Vögel und dich überkommt eine Wärme.

Du übergibst dich der Sinnlichkeit dieses Momentes und merkst erst später, dass du dich in Bewegung gesetzt hast. Jetzt gehst du.

Mit weit geöffneten Augen schreitest du unter dem herrlichen Rosenbogen hindurch und gelangst in einen riesigen Garten voller Düfte und Farben.

Der Weg ist mit hübschen braunen Kieselsteinen ausgelegt, der Rasen gepflegt und genauso steht es um die Pflanzen.

Du folgst dem Weg und verlierst dich in den Gerüchen und der Schönheit des Gartens.

Viele bunte Blumen zieren die Wiese. Es stehen Obstbäume darauf, die die schönsten Früchte tragen, die du je gesehen hast. Du pflückst einen großen roten Apfel und denkst an Schneewittchen und ihren todesähnlichen Schlaf wegen einem vergifteten Apfel oder an Adam und Eva im Garten Eden, nachdem sie von der verbotenen Frucht gegessen hatten.

Wird es dir ähnlich ergehen wie ihnen?

Du verwirfst den Gedanken schnell und beißt hinein.

Der Apfel ist zuckersüß und saftig, keine Spur vom Tod.

Während du den Apfel verspeist, pflückst du dir die schönste Blume auf der Wiese und tanzt über das weiche Gras.

Dein Glück, deine Gefühle, kannst du kaum in Worte fassen ...

DES FEUERS CHARME

Ein Feuer in der Nacht
Leise lodernd, flackert hell und warm,
Gleich der Sonne
Erleuchtet es mit seinem Charme
Uns, die wir beisammensitzen

Ein Feuer in der Nacht,
Wenn die Sterne hoch am Himmel funkeln,
Da sitzen wir hier im Dunkeln
Bei Mondes-, Sternen-, Feuerlicht
Genießen wir die Kälte nicht

Ein Feuer in der Nacht
Singt mit seiner Melodie
Uns ein ganz besonderes Lied,
Auf dass wir immer Freunde bleiben
Und mit unserer Liebe weilen
In dieser Nacht und länger noch

EINST VERGRABEN

Du spiegelst das
was ich einst in mir vergraben habe,
du machst, was ich schon lange nicht mehr tue,
gräbst es aus und jetzt kann ich wieder Dinge tun,
die ich schon lange nicht mehr getan habe
Ich kann schweigen, über meine Meinung
rede ich nicht immer gern
Ich kann kindisch sein, mit dir zusammen,
als wären wir im Kindergarten
Ich kann kitschig sein, für uns,
was einst andere als zu kitschig empfanden
Ich weiß, dass ich so bin und ich habe es einst vergraben,
tief in mir und du hast die Stelle wieder gefunden,
einen Spaten geholt, in die Erde gestochen, mein altes Ich
wieder ausgegraben
Jetzt gibt es dich, mein altes Ich und mich

HAND IN HAND

Wir gehen unsere Wege
Hand in Hand
Nicht immer,
aber immer, wenn wir es brauchen
Und wir stolpern über Fallen
und fallen, aber nicht immer,
nur immer, wenn wir schwach sind
Auf unseren Wegen befinden sich Steine,
nein Felsen, die wir mit großen Mühen
wegbekommen wollen,
aber einige Felsen sind zu groß und schwer
ist besser, wenn wir immer mehr dagegenhalten
und nicht allein
Deswegen gehen wir Hand in Hand
Nicht immer,
aber immer, wenn wir es brauche

ZUM HIMMEL GEFLOGEN

Wir sind zum Himmel geflogen
Sind mit unseren Gedanken und Träumen dort oben
Wollen nicht wieder runter,
denn am Himmel
sind alle Sorgen und Probleme,
die dort unten so groß waren,
so winzig klein

Wir sind zum Himmel geflogen
Sind mit unseren Wünschen und Plänen dort oben
Wollen nicht wieder runter,
denn am Himmel
sind alle Hürden und Unmöglichkeiten,
die dort unten so groß waren,
so winzig klein

Wir sind zum Himmel geflogen
Sind mit uns immer noch dort oben
Wollen nicht wieder runter,
denn am Himmel
sind wir so viel größer
und dort unten waren wir
so winzig klein

SCHLECHTE–TAGE–LEIDEN

Manchmal,
da gibt es schlechte Tage,
an denen die Wolken den Himmel bedecken,
grau und dunkel sind
Man erwartet ein Unwetter,
heftiger Regen und Sturm,
als ob der Wind die Bäume entwurzeln möchte

An solchen Tagen, wenn wir uns schlecht fühlen,
ist deine Umarmung tausendmal mehr wert,
ist deine Hand wärmer als sonst,
ist dein Herzschlag tröstend und vertraut,
sind deine Augen die schönste aller Aussichten an diesem
Tag
und deine Worte, wie auch dein Schweigen
lindern mein schlechte–Tage–Leiden.

BLÜTENTEPPICH

Wir sind wie ein Teppich aus bunten Blumen,
die jede um ihr Überleben kämpft
In dunklen Zeiten, wenn die Sonne schwindet,
dann recken wir uns nach dem bisschen Licht,
womit ein jeder eine andere Zeit verbindet,
in der die Sonne wieder durch die Wolken bricht

Drum wachsen wir immer höher und hoffen,
dass das Licht bald wieder unsere Blüten sieht
Und wir ganz oben, sind die ersten, die erblühen
in dem warmen Sommersonnenlicht

Doch egal wie hoch wir wachsen mögen
unsere Stängel bleiben dünn und schwach
Deshalb stützen wir uns, damit eine jede Blume
beim nächsten Licht erneut erwacht

WELLENBRECHEN

Das Wellenbrechen
Von Wellen, die so viel größer als ich
Und so viel kleiner als alles
Und so viel mehr als nichts
Und so viel weniger als ich sind,
Erschlägt und erdrückt
Oder beflügelt und erfreut mich

Es sind Wellen der Angst und des Schreckens
Und Wellen aus purem Glück und Liebe,
Doch bevor sie mich treffen
Sind es nur einfache Wellen

EWIGER HAUCH

Es ist eine Ewigkeit,
die mit Leichtigkeit
uns in die Arme fällt,
uns ganz feste hält
und sanft über uns hinweg fegt

Wie ein Windhauch,
der zwar schnell vergeht
und doch der Haut schmeichelt,
die Seele küsst,
süß und lieblich ist

Nur das dieser Hauch
für ewig ist

WIR WOLLEN NACH DEN STERNEN GREIFEN

Wir wollen doch alle nach den Sternen greifen
Wir wollen, dass Früchte des Ruhmes reifen,
Wollen Licht in der Dunkelheit
Und die Wahrheit zwischen Lügen finden
Wir wollen hoch gen Himmel schweben
Wollen das Gute in Schlechtem sehen
Und von Schönheit umringt stehen
Wir wollen gegen Gefahren kämpfen
Und Ängsten die Stirn bieten
Wir wollen Ansehen und Aussehen
Wollen alles sehen und nicht sehen, was uns nicht
interessiert
Wir wollen Bildung ohne Arbeit
Und Lernen ohne Stress
Wollen Arbeit ohne Bildung
Und Glück in einem Gefäß
Wir wollen Leichtigkeit, wenn es schwer ist
Und das Schicksal auf unserer Seite
Wollen Stille in der Nacht
Und die Erleuchtung am Tag
Wir wollen Ehrlichkeit und Geheimnis
Wollen Treue und dass unsere Grenzen
nicht überschritten werden,
Doch das Einzige, was wir brauchen
Ist eine Liebe, die so rein und ehrlich leuchtet
Wie ein Stern am Himmelszelt
Und die alle unserer Wünsche auf einem Silbertablett
bereithält

ICH BIN

Ich bin!
Ich bin Mensch
Was auch immer du als Menschen siehst
Ich bin klein
Und auch das ist relativ
Ich bin groß
Im Herzen und stolz in meinem Tun
Sowie du es bist
Will ich es nun!
Ich bin schlau und manchmal attraktiv
Und mein Spiegelbild ist schwer verliebt
In mich, denn es schaut immer her
Ich bin, ich bin
Ich bin zierlich, hübsch und wortgewandt
Oder sind es Dinge, die ich wünsche?
Ich bin stark und schwach
Und klug und dumm
Ich bin mehr und weniger
Ich bin Bürger in einem wirren Land
Ich bin Mädchen
Ich bin unbekannt
Ich bin nur eine unter so vielen
Und ich bin
Bin ich?

ERLEUCHTUNG

Ich gehe ein, ich gehe aus
Ich lieg an Boden, fliege hoch hinaus
Sehe Schönheit, wenn das Schlechte überwiegt
und singe lachend, wenn die Träne beinahe siegt
Und ich kämpfe, noch keine lange Zeit
Ja, ich stehe fest, gehe nicht zu weit
Hält an meiner Hand mich jemand Fremdes,
der schon lange, aber ohne meine Erkenntnis
an meiner Seite lief und sagte
was ich tun und was ich lasse
Und von nun an bin ich nicht mehr
allein und ich sehe Lichter
wo die Dunkelheit schien aussichtslos
Und nach allem, was mein Herz betrübte
und nach allem, was nun von mir fällt,
da frage ich mich, tief im Innern:
Fühlt sich so Erleuchtung an?
Oder ist das eine neue Welt?

GEFÜHLSGESPENSTER

Wirre Wortgespenster irren,
zerren an Gefühlen,
die ich gerne sperren möcht'
in einen dunklen Raum
dessen Fenster verhängt,
dessen Boden kalt,
dessen Wände dick sind
und kein Möbelstück soll stehen
in dem Gefängnis der Gefühle,
die ich doch brauche, um zu lieben

Also werde ich nicht sperren
Horche weiterhin den wirren
Wortgespenstern, welche irren
in meinem Kopf und zerren
dort Gefühle hin
und her

Und nach all dem Leid und Schmerzen,
die ich von Gefühlgespenstern ernte,
erlange ich doch auch die Fähigkeit zu lieben,
also sind alle Gefühle für die Liebe geblieben

FÜR DIE EWIGKEIT

Worte, bestimmt für die Ewigkeit,
in Erinnerungen getragen, versiegelt, gespiegelt
von jemandem, der nicht für die Ewigkeit bestimmt ist,
aber für die Ewigkeit sein möchte
Geschichten von Taten, die erzählt, verändert, erinnert
werden
Für die Ewigkeit behalten, behütet, verstaut
von jemandem, der die Ewigkeit als endlich sieht,
der sie brechen möchte, weil er selbst nicht für sie
bestimmt ist
Die Ewigkeit, die unendlich scheint,
irgendwann doch ihre Grenzen hat,
die zwar lange noch, doch vielleicht nicht für ewig, hält,
denn für jeden ist die Ewigkeit etwas anderes, etwas
Endliches
Und trotzdem wird das Wort gesprochen, geschrieben,
beschützt
um für die Ewigkeit zu bleiben,
denn wenn die persönliche Ewigkeit endet,
fängt die wahre Ewigkeit der Geschichten an

TRÜGERISCHE KLINGE

Ein Gesicht zwischen Händen
Schöne geflüsterte Worte,
wie Rauch schweben sie,
benebeln den, der sie zu hören vermag,
umhüllen, trügerisch und doch wahr
Sie sind schön, doch können auch verletzen,
denn ihr weicher Klang
verdeckt womöglich eine scharfe Klinge
Vergiss nur nicht, dass die schönen Worte
immer noch schön sind
Oft auch ohne trügerische Klinge

ENTFLAMMT

Sie tanzt zu Klaviermusik
und sing die schönsten Lieder
Ein Herz, das wie Flammen springt,
drum küsse sie immer wieder

Aus süßen Kirschen ein Lächeln,
ihre Augen wie der Mond
Diesen Bann wird sie brechen,
der all die Seelen bedroht

Denn aus Dunkelheit, werde Hoffnung
solange die Musik nicht versiegt
Gib ihr alles, ohne Zögern
und auch deine Dämonen sind besiegt

SEELENFINDUNG

Ich stehe so wie jeden Tag
Vorm Spiegel, es hat mich hierher gejagt
Ein Beitrag, dort auf Instagram:
"Ohne Haargummi der Messibun!"
Zu kurz ist meine Löwenmähne
So langweilig meine Haarroutine
Und schmollend mustere ich mich weiter
Ich sinke auf der Selbstwert-Leiter
Als wären meine Haare nicht
schon alles, was mein Ego bricht
So leuchten rote Pickel-Lichter,
ich wünscht' sie wären eher nicht da
auf meiner so verstopften Haut
die, ob man, wie auch immer, glaubt
nicht eben und gar eintönig ist,
so dass ich manchmal sogar vergess',
das Mädchen, dass darunter steckt
und nun auch ihren Kopf hochreckt
um etwas größer zu erscheinen
doch auch dies lindert nicht ihre Zweifel
Vergebens sind all ihre Mühen
Ich möchte nur Selbstliebe spüren
Und wie der Schlag hats mich getroffen
Meine Augen stehen nun weit offen!
Meine Schönheit ist nicht so offensichtlich
Drum findet sie sich auf den ersten Blick nicht!
Ich gehe einen Schritt näher heran
und schaue in meine Augen, dann
sehe ich was von außen fehlt

Meine Seele die sich offenbart
Ihre Liebe, hat sich mit Stolz gepaart
Und das Reine, dass sie durchzieht
hat sich in mein Ego verliebt,
welches gebrochen am Boden liegt
Und doch lebend sich nun auch in mich verliebt,
denn was sagt schon mein Spiegelbild
über den Menschen der tief drinnen steckt,
über meine Liebe für die Welt?

IN MOMENTEN DER STILLE

In Momenten der Stille
Liegt ein anderer Wille,
Liegt eine neue Kraft,
die ihr eigenes macht

Diese Kraft, dieser Wille
Hat Wunder vollbracht
Also vertraue der Stille,
wenn sie unmögliches möglich macht

DAS LICHT IN MIR

Wenn sich Uhren langsamer drehen,
die Zeit bleibt fast stehen,
wenn ein Laut, in der Leere vergeht,
wenn mein Herzschlag lauter denn je pocht,
meine Gedanken ganz bei mir sind,
dann stehe ich wie ein Spiegelbild vor mir selbst
Eine Reflektion meiner Seele und der Hülle, die ich trage
Meine Augen starren starr, starren in ferne Erinnerungen,
in Gedanken, die ich verbannen möchte,
die doch auch nur Gedanken sind
Ich schreite um diese Hülle, die ich meine nenne
Ich erkenne die Fassade, die Maske, die ich trage
Wie ein stiller See, unter der Oberfläche tief,
dort scheint es dunkel
Wer würde es wagen meine ruhige Oberfläche zu
durchbrechen?
Wer würde es wagen zu behaupten mein Schauspiel
entspreche nicht der Wahrheit?
Nicht dem wahren Ich?
Denn die leeren Pupillen, werden von lächelnden Augen
geschmückt
und die Hilferufe von einem Lachen begleitet
Wer würde es wagen meine Fassade anzuzweifeln?
Ich wage es
Ich wage es tief zu tauchen
und ich lasse die Oberfläche gefrieren
und ich lasse mich von anderen Fassaden inspirieren

Aber du,
du wagst es auch, meine Fassade zu brechen,
tief zu tauchen, noch tiefer zu graben,
in meine Pupillen zu blicken,
meine Hilferufe zu hören
Durchbrich mich!
Grab mich aus!
Angst, nun tu schon, was du musst
und dann geh!
Denn ohne dich, wäre ich nicht so tief,
du gräbst mich immer tiefer
Halt inne
und ich werde es wagen, meine Fassade fallen zu lassen,
meine ewig verschlossenen Tore zu öffnen
und dich zu verbannen
und Platz für etwas zu finden, dass ich sicher behüte
Ich werde wieder Platz für das Licht in mir finden

WORTE

Worte verfliegen im Wind
Wie die Segel einer Pusteblume,
Wenn es stürmt
Worte sind tief in dir drin
Wie dein Herz,
Welches dein Blut pumpt
Worte sind ein Hauch von uns,
Wie wir träumen und uns im
Wald der Ängste verirren
Worte sind so viel mehr als das Schwarz auf
Weiß
Worte bedeuten alles und sind nichts
Während sie doch auch nichts bedeuten und alles sind
Also verfliegen auch die schönsten
Worte im Wind der Zeit
Und sie verblassen von dem Schwarz auf Weiß
In ein Grau auf Gelb
Doch sie liegen auch in unseren Herzen behütet
In großen Schatztruhen in denen man sonst
Nur Schätze versteckt
Denn sie sind das wertvollste Gut eines jeden
Und sind alles wovon wir leben

ZWISCHEN
ROSEN

ZWISCHEN ROSEN

Du kommst an eine Biegung. Den Duft erkennst du schon von Weitem und dir geht plötzlich jeder Liebesfilm durch deinen Kopf, den du je gesehen hast. Du hast Bilder von Pralinen und leuchtenden Augen in deinem Kopf und dabei ist immer ein Strauß roter Rosen. Ihre Blütenblätter segeln zum Boden und die Braut schreitet auf ihnen zum Altar. Die romantischsten aller Blumen!

Und du denkst an all die Gelegenheiten, die du hattest, um diese Blumen zu verschenken und an alle Momente in denen deine Augen geleuchtet haben, als dir ein solch schöner Strauß in die Hand gedrückt wurde.

Dabei sind nicht einmal die roten Rosen, die einzig besonderen und schönen.

Was ist mit den Weißen? Die so rein und unschuldig blühen.

Was ist mit den Gelben? Die der Sonne schmeicheln, indem sie ihre Farbe tragen.

Was ist mit Orangenen oder Rosafarbenen? Die sich zart und bunt zu den romantischsten aller Blumen zählen

können.
Du findest dich zwischen Rosen wieder ...

HERZSCHLAG

Jeder Meter, wie ein Herzschlag,
den ich von dir entfernt bin
Auch wenn die Strecke noch so kurz
sehne ich mich, nach dir und deinen schützenden Armen
Nach jedem Herzschlag, wie ein Meter

Jeder Meter, wie ein Herzschlag,
hat einen Anfang und ein Ende,
trägt eine Zeit in sich inne
Wenn du so weit
weg, ich sehne mich nach dir und
nach jedem Herzschlag, wie ein Meter

Jeder Meter, wie ein Herzschlag,
der im Stillen und Dunklen laut
pocht und freudig das Leben verkörpert
Denn jeder Meter ist ein Teil von dem, was wir sind,
ist im Innern wie ein Herzschlag
mit einem Anfang und einem Ende,
mit Zeit, für uns
Wir sind ein Herzschlag

RICHTIG

Ein Kuss wie er im Buche steht
Bei jeder romantischen Szene gedreht
Wenn es für uns nur noch uns gibt
Wir allein, ein besonderer Kuss
und aus einem werden zwei, drei, vier
Mit jedem weiteren existieren immer mehr nur wir
Ich merke du bist mir wichtig
Mit dir zusammen scheint es mir richtig
zu sein, dass ich wieder liebe
und geliebt zu werden
Ist von nun an das schönste auf Erden

BLUMENWIESE

Jedes deiner Worte ist
für mich wie ein helles Licht
leuchtet in der Dunkelheit
Führ mich aus dem dunklen Wald
auf eine große Blumenwiese,
wo keine Blume ist wie diese
eine, die du mir geschenkt

Während mich deine Stimme lenkt
suche ich in deinen Worten
nach immer weiteren schönen Orten
an denen wir mal beide waren
zusammen und das Glück bewahren
wir, dass uns die Liebe schenkt

Gemeinsam wurden wir gelenkt
auf eine große Blumenwiese,
wo keine Blume ist wie diese
eine, die in deiner Hand

LIEDER

Du bist die Melodie und ich der Text
Gemeinsam spielen wir unsere Lieder
Und tanzen in unserem eigenen Rhythmus

Dur zu Moll, Moll zu Dur
Ich höre unsere Lieder nur
Jeder Ton und jedes Wort
Setzen sich immer weiter fort

Mal sind sie schnell und lebensfroh
Mal langsam, "Mir geht's nicht so"
In Einklang mit unseren Herzen
Beim Spielen der Lieder kennen wir keine Schmerzen

Jeder unserer Schritte, perfekt zum Takt gesetzt
Ein Tanz, noch nie gesehen
Man kann es nicht verstehen,
Wenn man keinen Part davon besetzt

Gemeinsam spielen wir unsere Lieder
Und tanzen einen fremden Tanz

SEELENBUCH

Wie du mich anschaust
Deine blauen Augen, rein und schön,
scheinen Geheimnisse zu verbergen
und doch ehrlich zu sein

Du schaust mir tief in die Augen
und es ist als könntest du mein Innerstes sehen,
als würdest du einen Einblick in das Buch meiner Seele
bekommen,
daraus lesen und deine Augen
sprechen mit den schönsten Worten zu mir,
erzählen mir, was du liest,
in meinen schönsten Kapiteln

FREMDE HERZEN

Dein Herz pocht unter meiner Hand
Ich fühle mich wie in einem Märchenland
Ich hätte mir niemals so etwas erträumt
Scheint ruhig, ist doch, wild unsere Liebe
Sie ist für uns beide
Wir sind niemals alleine
Und mein Herz pocht während ich bei dir bin
Stark und laut, ich habe deines geklaut
Und dort hingelegt wo meines einst war
Und ich frage mich kribbelt es auch
Bei dir im Bauch,
Wenn du an uns denkst und an unsere Herzen
Die an fremden und passenden Stellen pochen und
schmerzen,
Wenn wir nicht mehr beisammen sind?

MEHR

Liebe ist mehr als ein "Ich liebe dich"
Sie ist dieses Kribbeln im Bauch,
diese Nervosität kurz bevor ich dich sehe,
dieses Wohlfühlen an deiner Seite,
dieses miteinander Lachen und Weinen,
dieses erzählen und träumen,
wie auch singen und tanzen,
dieses scherzen und hassen,
dieses gemeinsam für immer,
dieses füreinander da sein,
dieser Kuss auf meiner Stirn,
deine Hand auf meinem Bauch,
deine Haare zwischen den Fingern
Spürst du unsere Liebe auch?
Wie sie mehr als nur dieses "Ich liebe dich" ist?

MEIN BLAUES MEER

Mein blaues Meer, warmes Wasser
Die Sonne durchbricht die Wasseroberfläche
Erreicht mich; ist doch kalt,
aber das Wasser ist warm

Ich versuche zu atmen, keine Luft
Das Wasser dringt in meine Lunge,
aber ich atme
und plötzlich werde ich ruhig

Hier im Wasser bin ich sicher
Mein blaues Meer
Kleine Fische, schwimmen an mir vorbei
Ich bin sicher

Ich brauche keine Angst zu haben
Das Wasser beschützt mich
Ich treibe zur Oberfläche,
möchte dort nicht hin,
also bleibe ich in der Tiefe

Verliere mich,
Ertrinke und ertrinke auch nicht,
Werde beschützt,
Im Wasser
In deinen Augen

SPUREN

Ich fühle mich wie ein Tatort,
denn da sind Spuren
auf meiner Haut, von deinen Berührungen,
und auf meinen Lippen, von deinen Liebkosungen,
wie Fußabdrücke im Schlamm
und in meinen Ohren hallt immer noch dein Herzschlag,
wie der letzte Schrei eines Mordopfers in einer
abgelegenen Gasse
und an meiner Kleidung klebt dein Geruch,
wie das Blut an der des Täters

Wir sind doch beide die Täter
und beide die Opfer
und beide ein Tatort
haben beide berührt und liebkost,
hörten beide den Herzschlag des anderen
und an meiner, sowie an deiner Kleidung klebt unser
Geruch

Und wir fühlen uns weniger wie Täter, Opfer und Tatorte,
wenn wir zusammen sind,
denn dann sind wir Liebende, Geliebte und Heimat

MEIN STÜTZENDER PFEILER

Du bist mein stützender Pfeiler,
Wenn ich fast zerfalle
Du bist mein sicherer Hafen
Bei rauer See
Du bist das warme Feuer
In der Nächte Kälte
Und das Licht,
Das ich am Ende des Tunnels seh'

Du bist die Kuscheldecke
In der ich mich am wohlsten fühle
Du bist die helfende Hand,
Wenn ich nicht mehr hoch komme
Und die Zügel,
Die mich gelegentlich führen
Ich würde gern für immer
Deine Liebe spüren

NAH AM ABGRUND

Am Ende des Flusses
Das Bildnis eines Kusses
In Stein gemeißelt,
Wie in einer Fantasiewelt,
Steht ein Liebespaar
Ihre Liebe wahr
Und ehrlich,
Umschlungen, gefährlich
Nah am Abgrund,
Aber fest und
Verliebt

BENEBELT

Ich liege im Bett
In meinem Kopf schwirrst du,
wie ein Geist
auf der Suche nach einem Ort
an dem du zur Ruhe kommen kannst
Da ist doch ganz viel Platz in meinem Kopf,
wie leergefegt
für dich, damit du
dort einen Ort finden kannst
Und doch schwirrst du in meinem Kopf
wie ein Geist
Meine Sinne sind ganz benebelt,
als würde dein Geist in meinem Kopf
die Verknüpfungen stören,
sie mit einem Hauch von dir belegen,
auf dass ich nur noch dich rieche,
dich höre, dich spüre,
nur noch dich in meinem Kopf sein lasse
Ein bisschen so als wärst du bei mir
und in mir, überall

Ein bisschen so als müsste ich
nicht länger mich an das Vermissen
klammern, weil du ja da bist
Und ich schaffe es kurz aus diesem Nebel,
kann kurz wieder sehen
und sehe, dass du gar nicht da bist
egal was mir dein Geist vormacht
Und ich lasse das Vermissen los
und klammer mich an deinen Geist
in der Hoffnung, dass er bleibt

DROGE

Du bist meine Droge
Deine Berührungen lassen mich fliegen
Deine Worte lassen mich träumen
und deine Küsse kribbeln auf der Haut,
als würde sich jeder Zentimeter meiner Haut nach dir
sehnen

Ich bin süchtig
Nach all der Nähe zu dir,
die aus Worten und Taten entstanden ist
Nach all den Träumen, die du
in meinem Kopf hast entstehen lassen
Nach all den Küssen, die das Flattern in Bauch
und das leichte Herzrasen erwecken

Du bist meine Droge
und ich bin süchtig
nach dir und nach allem, was du bist
und wir sind

KUNST

Du bist Kunst
Ein Kunstwerk so bunt und schön
Und du hast so wunderschöne
Formen und Linien
Könntest du dich nur so sehen,
Wie ich dich sehe,
Denn du bist ein Kunstwerk
So einzigartig und gefährlich,
Dass ich mich in dir verlieren könnte
Schon längst verloren habe,
Wie in einem Labyrinth
Nur viel schöner,
Da du ein Kunstwerk bist
Und ich dein ewiger Betrachter

SEELENTRÄNEN

Liebster,
meine Seele hat
eine Träne vergossen,
als ich deine Lippen
das letzte Mal
mit meinen
berührte, bevor ich
dich verließ

Ich werde dich,
sicher bald,
wiedersehen, doch
bis dahin wird
meine Seele
weinen

Und ich kann
spüren, dass deine
Seele ebenfalls Tränen
vergießt

Also versuch zu
ignorieren wie sie
heult

Und denk an mich
so wie ich an dich
und unsere Seelen

In Liebe
deine Liebste

GELESEN WERDEN

Ein Buch zu lesen
ist doch anders als gelesen zu werden
Ein Buch zu schreiben
ist nicht geschrieben zu werden

Menschen lesen und schreiben
Bücher und versuchen zu meiden
selbst gelesen und geschrieben zu werden

Doch auch ich lese
dich, in deinen Augen
Ich blättere zwischen den Seiten
hin und her

Und du liest mich
mit deinen Fingerspitzen,
als wärest du blind
und ich wäre in Blindenschrift geschrieben worden

Ich schriebe dich
ein bisschen
Mit meinen Worten und Taten
stehen auf deinen Seiten
bald ganz viele neue Worte

Und du hast einen Teil
von mir
geschrieben

LIED AUS LEID UND LIEBE

Mit Tränen in den Augen
denke ich nur noch an dich,
dein Gesicht, deine Stimme
und es entsteht ein neues Gedicht
über uns, wie ich fühle
am heutigen Tag
glaube mir, was ich spüre
ist was ich dir sage

Mein Mund ist so trocken,
mein Kopf ist nicht leer,
gefüllt mit Gedanken,
sie machen es schwer
für mich, in deiner Abwesenheit
Mich selbst nicht zu vergessen ist gar nicht so leicht

Vor meinem inneren Auge
huschen sie schnell,
die Bilder, manche dunkel
und andere hell,
Erinnerungen, die ich mit uns verbinde,
Kuss hier, Kuss dort,
es ist, als ob ich mich winde
zwischen Einsamkeit und dem was uns verbindet
So halte ich dran fest, bevor es verschwindet

Drum betone ich Liebster:
alles, was ich dir sage und schreibe,
jedes Wort das meinen Gedanken entspringt,
hat einen Funken Wahrheit,
wie eine Note, die ein Vögelchen singt

Und ehe wir uns versehen
spielt ein Lied aus Leid und Liebe,
also lass uns unseren Weg gemeinsam gehen

KINDER DER LIEBE

Die Liebe lässt uns beben,
uns erzittern in ihrer Anwesenheit
Sie ist machtvoll,
stark und unberechenbar
Und wir beide sind nun auch
schon ihre Sklaven
Sind ihr untergeordnet
und ihre treuen Diener
Sie hat uns fest in ihrem Griff,
doch wir sind glücklich,
denn sie behandelt uns gut,
auch wenn wir ihre Sklaven sind
Sie schenk uns Dinge,
von denen wir nicht zu träumen gewagt haben
und erzählt uns Geschichten, Träume und all ihr Wissen
Sie behandelt uns mit einer Zärtlichkeit,
als wären wir ihre Kinder
und den Rest, den wir tun,
überlässt sie uns

LIEBESTRUNKEN

Wir bewegen uns in schwindelerregenden Höhen
Mir ist schwindelig, alles dreht sich und ich lache laut
Du gibst mir einen Kuss, der so süß, so vollkommen ist
Und plötzlich dreht sich alles noch viel mehr und ich falle

Ich glaube ich bin liebestrunken
Und ich glaube mir hat ein Engel gewunken, als ich so
gefangen war
In den Drehungen und Kreisen und er sah so aus wie du
und hat meinen Namen gerufen
Ach Liebster, ich glaube ich bin liebestrunken

Ich bin in weiche Federn gefallen und in meinen Träumen
Oder dieser Halluzination, da warst du neben mir
Und du bist mit deinen Fingern durch meine Haare
gewandert
Und dann wurde alles schwarz und warm und weich und
ich hörte gleich deine Stimme,
Die mir flüsterte: "Liebste, ich glaube du bist
liebestrunken."

GELÜSTE

Wenn wir von der Welt verborgen,
an unseren aller liebsten Orten,
nur wir beide, allein, beisammen sind,
dann schmecken alle deine Küsse
nach süßer Liebe, sie erwecken meine Gelüste,
die so rein, so sinnlich, so kraftvoll sind,
die so leidenschaftlich erweckt,
in diesem Moment von der Welt versteckt
und so tief, so innig, so brennend sind,
heiß wie das Feuer, das über meine Haut leckt
und während wir so intensiv eins sind,
wie aus einer Lunge atmen, wie aus denselben Muskeln
bewegen,
wie mit denselben Gedanken denken, da leuchtet mir ein,
was ich immer gesucht habe, habe ich nun in dir
gefunden

LIEBE AUF DISTANZ

Es ist so schwer dich auf Distanz zu lieben
Nicht jeden Tag deine Hände zu spüren
Dein Anblick möchte mir die Luft zuschnüren
Stattdessen ist mir nur deine Stimme geblieben

Und dieses Bild von uns gemeinsam
In meine Erinnerungen eingebrannt
Dein Blick schien mir so charmant
Und jetzt sind wir beide einsam

Denn es ist so schwer dich auf Distanz zu lieben
Wären wir doch lieber einfach beisammengeblieben
Dann müsste ich jetzt nicht jeden Tag
Diese Erinnerungen in mein Gedächtnis rufen, die ich so
sehr mag

KANN MAN LIEBE DENN IN WORTE FASSEN?

Kann man Liebe denn in Worte fassen?
Oder soll ich dich stattdessen einfach küssen?
Ich möchte das nicht immer müssen,
um dir zu zeigen, was du mir bedeutest,
um dir zu sagen, was die Worte, die ich wähle
verschwiegen halten
Denn ich würde Liebe gern in Worte fassen

MAGIE

Fingerkuppen, so zart wie junge Federn,
berühren, so sachte wie der Wind,
mich, wie ich da liege, ruhig und schön

Lippen, so weich wie Daunenkissen,
liebkosen, sinnlich und leidenschaftlich,
meine Haut und meine Lippen

Während unsere Herzen immer höher schlagen,
die Magie zwischen uns entfacht,
es immer heißer, immer leidenschaftlicher wird

Bis wir innehalten, das Kitzeln der Magie auf der Haut
genießen,
uns in die schönsten aller Augen schauen
und mit leise geflüsterten Worten unserer Liebe lassen
ihren Raum

SONNENBLUME

Ich bin deine schöne Sonnenblume
Du mein helles warmes Licht
Bist die Sonne, der ich zeige
Mein strahlendes Gesicht

Und wir leuchten, strahlen fröhlich
Solange die Tage bei uns sind
Doch sobald du hinterm Horizont verschwindest
Werde ich zum Nachtkind

Doch der Mond so kalt und finster
Ersetzt nicht dein schönes Strahlen
Also verkrieche ich mich im Dunkeln
Und warte auf dich, du wunderschöne Liebe

FINGERSPITZEN

Ich schmelze,
Zerlaufe zwischen Herzschlägen,
Zerfließe zwischen Fingern
Fingerspitzen streichen
Über meine Haut,
Gänsehaut
Ganz sachte
Sanfte Küsse schmeicheln
Heiß, sie lassen mich schmelzen
Schmelzen zwischen Fingern,
Den deinen, deine liebenden Finger
Und deine warme Haut
Heiß, wie ein Feuer,
Brennt unsere Liebe
Und unsere Fingerspitzen streichen
Wir schmelzen,
Zerfließen ineinander
Bis wir beide
Zu Einem geflossen sind

LIEBESKREISLAUF

Wenn zwei Liebende ihren Weg zueinander finden,
ihre Seelen sich aneinanderbinden,
wird ein ewig fortgeführter Kreis geschlossen,
denn aus zwei alten Liebenden ist ihre Liebe geflossen
in ein junges neues Kinderherz,
das später erkannte den Seelenschmerz,
welcher daher rührte, dass der Partner war noch nicht
gefunden,
also suchen zwei Herzen; haben sich gebunden
Und von da an werden sie die Tradition weiterführen,
dass auch später sich zwei Herzen aneinander schnüren

LIEBSTER, DU BIST WUNDERSCHÖN

Liebster, du bist wunderschön
Ich habe ein Bild von dir
auf meinem Schreibtisch stehen
Ich muss ständig an deine Küsse denken
und deine blauen Augen, die in meine sehen

Liebster, du bist wunderschön
Ich möchte jeden Schritt mit dir gemeinsam gehen
und deine warme Haut auf meiner spüren,
mit dir tanzen und singen und hinter allen Türen,
die wir gemeinsam durchschreiten,
ist ein Glück bereit uns aufzuhalten

Liebster, du bist wunderschön
In deinen Augen funkeln Sterne
Ja, ich denk daran wie gerne
deine weichen Lippen guten Wein probieren
und daraufhin die meinen spüren

Liebster, du bist wunderschön
In deinem Lächeln kann ich die ganze Welt sehen
und wenn du schwärmst, dann liegt in deiner Stimme
eine Umarmung und sie legt so stille
ihre Arme um mich und mein Sein,
denn Liebster ich bin für immer dein

Ich bin dein, deine Königin und Blumenmädchen,
dein Kummerkasten und dein Freudenliedchen
Ich werde nie von deiner Seite weichen,
bis all deine Ängste und Sorgen vor mir erbleichen
Und so schön wie ich dich sehe
möchte ich auch, dass du mich siehst,
denn neben deiner Schönheit steht eine zweite
neben deinem Herzen, ein zweites
Lass mich deine andere Hälfte sein,
denn Liebster, du bist wunderschön
und ich möchte jeden Schritt mit dir gemeinsam gehen

ROTWEINLIPPEN

Durch deine Rotweinlippen
ein Flüstern
Unsere Gläser sind frisch leer
und eine Berührung
streift mich sachte
In deinen Augen schwimmt ein Wort
Lass es uns "Liebe" nennen,
denn das kann ich lesen,
zwar verschwommen,
doch ich weiß,
dass es dieses Wort sein muss,
denn du liebst mich
Und deine Küsse
sie schmecken lieblich,
nach Wein,
und auf deinen Lippen
liegt ein Wort
Es muss "Liebe" sein

SOMMERNACHT

Seide an heißer Haut
Zieh sie aus
Es wird warm,
Ganz heiß
Voller Freude,
Begierde und Leidenschaft
Spürst du ihren Atem?
Er ist warm,
Ganz heiß
In ihren Augen funkelt ihr Verlangen
Es ist wie eine Sommernacht,
Nur dass sie viel näher ist
So zerbrechlich, wie Porzellan
Ihre nackte Haut
Und ihr Duft,
Er ist so sommerlich,
Ein Rosenkind

Ein Hemd, auf heißer Haut
Zieh ihn aus
Es wird warm,
Ganz heiß
Spürst du sein Herz?
Wie es schlägt,
Nur für dich und
So kraftvoll, wie aus Leidenschaft
So schlägt es
Und seine Haut,
Als könnte sie den Schlägen standhalten,
So fest, wie sein Griff
Diese Finger, wie sie dich berühren
Als hätten sie Angst dir weh zu tun
Dich zu zerbrechen,
Aber du verlangst
Oh, diese Liebe
Es ist wie eine Sommernacht

WIR SIND SO EINIGES

Wenn wir beide
manchmal halt da so liegen,
dann denke ich über uns nach
und ich denke an all die Dinge, die wir sind,
denn wir sind so einiges

Wir sind, was andere nicht sehen
und nur sehr wenige verstehen
Wir sind wir und wir sind
wie eine Geschichte, die
zwischen den Seiten eines Buches gefangen ist
und sich mit jeder neuen Seite weiterentwickelt

Wir sind wie frische Tinte und Papier
dunkel auf hell oder andersherum
und wir sind erzählend und auf unbestimmte Zeit
verewigt

Wir sind wie die Noten eines Liebesliedes,
welches uns mit seinen sanften Klängen hin und her
wippen lässt
und wir sind die Wörter in einem lieblichen Gedicht,
welches klangvoll den Mund eines Dichters verlässt

Wir sind die ersten und die letzten Sonnenstrahlen des
Tages
und die funkelnden Sterne am Himmelszelt bei Nacht
Wenn es kühl ist und still, dann sind wir beide heiß und
laut
Wir springen, bis das Trampolin kracht
Und wir tanzen, bis die Musik versiegt und länger noch

Wir sind der Duft von frischen Frühlingsblumen und
Sommerregen
Wir sind das Wetter, welches alles offenlässt
und wir sind Sonnenschein und Sturmböen
und Blitz und Donner – komplett durchnässt!

Wir sind wie eine Welle oder ein großes Feuer,
aber manchmal, manchmal da sind wir viel kleiner

Manchmal da sind wir nur ein einziger Buchstabe,
ein einziger Ton, ein kurzer Lichtblick am Horizont,
ein einziges kleines Licht am Himmel
und wir sind still, wenn es mal laut ist
und müde und wir sind der Geruch von welken Blumen
und Asche
und nur ein Tropfen im Meer,
wie auch ein einziger kleiner Funke, der von einem
Lagerfeuer aufsteigt

Und eigentlich Liebster,
ist mir egal was wir sind,
denn wir sind so einiges,
so einiges buntes und schönes
und so einiges trauriges und hässliches,
aber kann irgendetwas oder irgendjemand von sich
behaupten:
"Ich bin wie die!
Wie dieses Liebespaar.
Ich bin so glücklich, so bunt und traurig,
so leidenschaftlich herzzerreißend
und so warm und kalt, dunkel und gleißend
hell zugleich."?

Die Antwort ist "Nein!",
denn Liebster wir sind so einiges,
aber nichts ist wir

UNKRAUT
UND
DORNEN

UNKRAUT UND DORNEN

Der Weg führt dich an den duftenden Rosen vorbei. Du biegst erneut ab und stehst nun nicht länger auf einem gepflegten Weg. Eigentlich ist gar kein Weg mehr vorhanden. Unkraut und dorniges Gestrüpp versperren dir den Weg. Du kannst erkennen, wo es weiter geht, aber erkennst nicht wie du dorthin kommst.

Nach den ersten Schritten bleibst du schon an den ersten Dornenbüschen hängen. Die Wolken schieben sich wieder vor die Sonne und ein kühler Wind weht.

Nach den ersten Metern bist du schon zerkratzt und verzweifelt, aber so leicht gibst du nicht auf also kämpfst du dich weiter durch Unkraut und Dornen ...

SCHLECHT

Warum kommen, wenn ich glücklich bin, all die
schlechten Gedanken
Sie flüstern mir zu, dass ich aufpassen soll
"Er ist nicht so"
"Er will dich nicht"
"Du bist ihm egal"

Und sie flüstern ständig, wenn ich nicht bei dir bin
Sie flüstern mir ihre Schlechtigkeit zu,
Sagen mir, dass du nicht gut wärst,
Machen es hart für mich, ohne dich zu sein,
weil sie mir immer nur das schlechte zeigen wollen

Und sie flüstern ständig, wenn ich nicht bei dir bin
und verstummen, wenn ich dich wieder sehe
Ich weiß doch, dass sie lügen
Ich weiß es doch und trotzdem plagen mich die Zweifel

Und sie flüstern ständig, wenn ich nicht bei dir bin,
Reden mir ein, dass ich schlecht über dich denken soll
Ich will das nicht, ich weiß es doch besser!
Seid still! Werdet stumm!
Lasst mich in Frieden!
Verschwindet! Ich will das nicht!
Du bist nicht wie sie es flüstern!

FREI

Wie jeden Morgen
beobachte ich die Landschaft
Immer ein und dieselbe
Neben mir sitzt du
und wir reden über Belangloses
Wir sind müde
und haben lange nichts mehr unternommen.

Stattdessen sitzen wir wie jeden Morgen hier
und beobachten die Landschaft.
Viel lieber würde ich eine andere Landschaft sehen,
über wichtige Themen reden,
nicht mehr müde sein.

Stattdessen sitzen wir wie jeden Morgen hier
und beobachten den Lehrer,
wie er uns versucht zu erklären
was richtig und falsch
und was wichtig und nichts ist.
Viel lieber würde ich mit dir durch die Felder streifen,
laut lachen und mich in einem Kuss verlieren.

Stattdessen sitzen wir wie jeden Tag allein
in unseren Zimmern.
Unsere Hände können nur noch Stifte halten
und langsam verschwimmt die Schrift und
wir klappen zusammen.
Wir sind müde.
Viel lieber würden wir mal aus gehen,
den Abend genießen.

Und stattdessen fallen wir ins Bett und sind am nächsten
Tag
noch müder als zuvor
reden kaum ein Wort,
denn dafür bräuchten wir Kraft.
Wir schließen unsere Augen,
denn wir wollen diese Landschaft nicht mehr sehen.

Viel lieber würden wir frei sein
und nicht immer nur dasselbe erleben.
Ein bisschen Abwechslung und Zeit, die wir gemeinsam
verbringen.
Viel lieber würden wir spontan und verrückt sein,
ein paar Erinnerungen sammeln,
zusammen unsere eigenen Geschichten schreiben.
Und ich träume davon mit dir Rockmusik zu hören
und wild durch die Gegend zu springen und dass wir es
tanzen nennen.

Ich möchte Bilder schießen,
davon, wie wir uns zum Affen machen
und zu jedem Bild, dass man in meinem Fotoalbum
finden würde,
möchte ich lächelnd eine Geschichte erzählen können.
Aber dafür müssten wir frei sein.

Und stattdessen leben wir unser einfaches Leben,
jeder Tag, immer ein und dasselbe,
verliert an Bedeutung
und wir verlieren Zeit,
denn wir sind doch noch jung und haben unser Leben
noch vor uns.
Und dabei vergessen wir, dass wir jetzt schon leben.
Und wenn wir nur frei wären,
dann könnten wir unsere eigenen Geschichten schreiben.
Doch stattdessen beobachten wir die Landschaft.

SCHULDIG

Es ist die Schuld
Ich habe nichts verbrochen, genauso wie du,
doch die Schuld plagt mich
Ich mache mir Gedanken,
um uns und wie es weiter geht
und ich mache mir Gedanken,
um eine Zukunft die noch in weiter Ferne steht

Es ist die Schuld
Ich habe nichts verbrochen, genauso wie du,
nur meine Gedanken, als könnte ich sie nicht
beeinflussen,
kreisen ständig um uns, aber heißen es nicht gut
Sie kreisen um uns und schreien mir ins Ohr,
dass wir zu schnell sind
Sind wir das?
Dass wir nicht echt sind
Sind wir das?
Dass ich, egal was ich für dich empfinde, es lassen soll,
Soll ich das?

Es ist die Schuld
Ich habe nichts verbrochen, genauso wie du,
nur diese Gedanken fühlen sich nicht richtig an,
und dass sie in meinem Kopf kreisen
macht mich schuldig

OHNE BEDEUTUNG

Ein Wimpernschlag
so klein und unbedeutend wie wir
nur einer unter vielen
im nächsten Moment schon vergessen
nie da gewesen
ist nur ein Wimpernschlag
geht in der Masse unter
und ohne ihn würde nichts fehlen
ist nur ein kurzer Moment
nicht der Rede wert
ohne Bedeutung
ist nicht wichtig
irrelevant
nichts
nich
ni
n
.

SIEHST DU SIE AUCH?

Siehst du sie auch?
Diese Nebelschwaden,
die andere zu umhüllen scheinen?
Die grau und schwer auf ihren Schultern liegen,
sie zu Boden ziehen?
Ihre Augenlider fallen,
sie sprechen gedehnt,
als wären sie müde
Haben sie etwa nicht geschlafen?
Wie kann ich ihnen helfen?
Wie kann ich den Nebel vertreiben?
Was muss ich tun?
Ich sehe sie ständig leiden
Und wo ist deine Nebelwolke?
Warum sind wir denn so befreit?
In einer Welt, in der der Nebel
das Leben beschreibt.

TIGER AUF DER JAGD

Im Nebel des Lebens,
wo wir zwischen Zielen und Fehlern
irren und suchen
nach den Wegen, die wir einst gehen wollten
und lange nicht mehr gehen,
da sehen wir unsere Hände vor den Augen nicht
und die Nebelschwaden wabern um unsere Beine
Wie hungrige Schlangen oder Tiger auf der Jagd
pirschen sie sich leise an uns heran
und schnappen zu, wenn sie nah genug sind
Sie lassen uns stolpern und fallen,
versuchen uns am Aufstehen zu hindern,
damit uns der Nebel komplett verschlucken kann
Nur die Starken stehen wieder auf und vollenden ihre
Suche,
finden ihre Wege, erreichen ihre Ziele und gestehen sich
ihre Fehler ein
Wir müssen stark sein und fallenden Seelen helfen,
sie stützen und mit ihnen nach den richtigen Wegen
suchen,
damit wir den Schlangen und Tigern nicht zum Opfer
fallen

RAUCH

Eine Frage folgt auf eine andere
Unsere Köpfe rauchen
Wir stützen sie auf unseren Händen und schlafen
Fast, denn sonst verpassen wir etwas
Unsere Hände sind verkrampft
Der Stift ist kurz davor aufzugeben
Keine Tinte mehr
Das Heft ist voll
Kein Speicherplatz vorhanden
Alles scheint grau
Hinter dunklem Rauch versteckt sich
Das, was wir einst Träume nannten
Der Rauch wird immer dichter
Was sich drin verbirgt wird immer schemenhafter
Denn unsere Köpfe rauchen
Und wir schlafen fast

SEHNSÜCHTIGES GEDANKENCHAOS

sehnsüchtig, ich sitze hier, warte, worauf weiß ich auch
nicht so recht, was ich weiß ist, dass du mir fehlst, *wir
haben uns doch vorhin erst gesehen*, versuche ich meine
sehnsucht zu lindern, es hilft alles nichts, also stehe ich
auf, gehe ein paar schritte, meine knie tun mir weh, egal,
ich muss laufen, ich kann nicht mehr sitzen, während
gedanken und gefühle tief in meinem herzen sitzen, und
ich geh, nur nicht weit, bleib in meinen vier wänden, halte
nichts in den händen, kreisen die gedanken über
sehnsucht und schranken, die mich zurecht weisen, ich
brauche einen weisen, der meine gedankengefühle trennt
und sortiert, mir hilft die sehnsucht zu kaschieren, ich
habe mich zu verlieren, im meinem sehnsüchtigen
gedankenchaos, mit all den gedankengefühlen und den
schranken und stühlen, auf denen sie platz nehmen,
sitzen und lachen und wissen, dass ich mich bald
verlaufe, verliere, wenn die sehnsucht und das chaos die
macht übernehmen

GOTT UND DIE WELT

Ich denke an Gott und die Welt
Was den Alltag erhellt
Bin in den Köpfen der Menschen
Es läuft nix nach dem Rechten
Suche Gleiches und Gewohnheit
In Dingen und in Menschen
Will verstehen und helfen
Will siegen und leuchten,
Wenn die Hoffnung und die Sonne
Hinterm Horizont verschwinden

NUR ICH IN MIR

Da bin nur ich in mir,
wie ein Geist
Ein Funke Echtheit,
der gelegentlich ein Feuer entfacht
Nur ich, wie ich, wie der Nebel alles umhülle
und doch nicht zu greifen bin
In mir ist alles verschleiert,
aber da, und manchmal,
wenn sich der Ich-Nebel lichtet,
ich nicht mehr ich bin,
sieht man was verborgen war
Bis ich wieder in mir bin
Nur ich in mir

VERLOREN

Du hältst meine Hand. Sie ist für mich wie ein festes Seil.
Die Verknüpfung zur Wirklichkeit, aus der ich so gerne
entfliehen möchte. Doch du behältst mich hier. Ist doch
auch besser so. Ich möchte nicht verloren gehen, in den
Welten, dessen Wege ich beschreite. Und manchmal, da
habe ich das Gefühl von den Wegen abzukommen. Zu tief
in diese Welten eingetaucht zu sein. Dann halte ich dich
fester. Und du drückst meine Hand. Ist doch auch besser
so. Ich möchte nicht verloren gehen.

TÜREN

ich verschließe sie hinter Türen
sie mögen mich in die Irre führen
mögen ihre Wege gehen
nicht genug Zeit um zu reden
ein Gedankenblitz erhellt
meine große Gedankenwelt
in der die Gestallten hinter den Türen
alle meine Ängste spüren
kann nicht reden
kann nicht lachen
ich will mit freien Lungen atmen
während die Gestallten dort am Rad drehen
hinter Türen des Verachtens
stielt sich doch eine oder zwei
dieser dunklen Gestalten vorbei
kann ich ihren Trug spüren
mögen sie mich in die Irre führen

BRÖCKELNDE FASSADEN

Bröckelnde Fassaden aus Anstand und Höflichkeit,
hinter ihnen Angst und Unvernunft
Ihr Fallen ist bewegend,
aber das Aufrechterhalten wahrt die Würde des
Fassadenträgers

UNSERE KRIEGE

Diese unendlich kostbaren Momente mit dir,
wenn wir ruhig nebeneinander, umschlungen
und in Liebe und Gedanken versunken
hier liegen und den Moment genießen
Du hast deine Augen geschlossen und ohne dein Wissen
studiere ich dich
Dein Gesicht und wie du atmest
In diesen Momenten siehst du so friedlich aus,
als hätten die Kriege in dir ein Ende gefunden
"Mögen sie niemals wieder beginnen", betet etwas in mir
Es ist die Liebe zu dir
"Mögen sie der Vergangenheit angehören"
Ich möchte am liebsten nicht sehen, wie sie dich von
innen heraus zerstören
Ich baue dich von außen her wieder auf, bleibe an deiner
Seite
und studiere dich weiter
Es ist die Liebe zu dir,
Zu dir, so wie du bist
auch wenn diese Kriege in dir wüten, schaffst du es
meine Kriege mit mir zu bestreiten

So wie du bist, so kindisch manchmal
Ich glaube jeder andere Mensch kennt dich nicht so,
wie ein kleines Kind, genau so
So wie du bist, kannst deine Kriege doch auch mal
vergessen
und lachst und machst Scherze als wäre nie was gewesen
und manchmal da glaube ich, ich bin nicht so,
ich kann nicht so sein,
habe meine eigenen kleinen Kriege gefochten
und bin jedes Mal ein bisschen mehr gebrochen
und kann für dich nicht das kleine Kind sein,
dich zum Lachen bringen
Versuche doch sehr immer für dich da zu sein
Ich habe andere Mittel und Wege
um mit dir deine großen Kriege
zum Schweigen zu bringen,
kurze Waffenruhe
Und du öffnest deine Augen wieder
und in ihnen sehe ich es immer wieder
wie gebrochen du doch von deinen Kriegen bist
Schließe sie wieder und vergiss,
was sie dir einst angetan haben
"Mögen unsere Kriege für immer schlafen"

„DU KANNST NICHT FLIEHEN"

Versteckt hinter den Texten der Rockmusik
Sind meine Zweifel, die flüstern
Und wenn ich zuhöre, stechen sie zu
Ein Mal, zwei Mal

Wie Blut fließen Tränen
Heiß und feucht, erzählen,
Was mir die Zweifel eben noch flüsterten
Ein neuer Song, das Schlagzeug schlägt,
Gitarrensolo und die Zweifel stechen zu
Drei Mal, vier Mal

Ich drehe die Musik lauter,
Auf dass ihre Stimmen ersticken
Und sie fangen an zu schreien, stechen zu
Fünf Mal, sechs Mal

Stopp! Ich kann nicht mehr!
Mein Herz stolpert, so viel Blut verloren
Und die Zweifel sind ruhig
Ich atme durch, schalte die Musik aus
Und ich höre, wie sie wieder flüstern:
"Du kannst nicht fliehen."

SCHWARZE LÖCHER

Es gibt Tage, die sind wie schwarze Löcher
Sie verschlucken uns in ihren dunklen Tiefen,
wo alle Dinge und das Licht nicht entfliehen,
wo es hell und verzweifelnd dunkel zugleich ist,
kein Entkommen, wo man die Zeit vergisst
Man ist antriebslos und es bringt auch nichts,
denn schwarze Löcher sind stärker als alles, was du
hergibst
Diese Tage sind das Down in unseren Höhen und Tiefen
sie sind schlimm und allein ist es schwer sie zu besiegen
Aus einem Down kann doch schnell auch ein Up
entstehen
Also nimm meine Hand, lass und von hier weggehen
Ich zieh dich heraus aus deinem schwarzen Loch
und sind wir dort zu zweit glaube ich immer noch,
dass wir gemeinsam die Flucht ergreifen können

HELL UND DUNKEL

An einem Tag gibt es Hell und Dunkel
Glaub mir, egal wie sehr die Sterne funkeln,
das Dunkel wird niemals heller strahlen
Drum möcht ich dich vor der Dunkelheit warnen
Lass dich nicht von ihr komplett verdunkeln,
dass ein Funke noch ein Feuer entfacht
Verirr dich nicht auf den Wegen, wo es dunkelt
Sei froh, wenn du die Nacht hast auf deinem Weg
verbracht

HOCHZIEHEN

Ich lasse dich einstürzen
Und versuche vergeblich
Deine schweren Balken
Wieder aufzustellen
Deine Mauern
Wieder hochzuziehen
Und egal was ich versuchen möge
Es ist der Schein, der alle trüge
Was einst zerstört
Wird nicht wieder
Narbenfrei stehen
Und beim nächsten Sturz
Wird es dir nur schlechter gehen

GRAU

Das Leben ist so farbenfroh
Es leuchtet und es scheint mir so
als würden alle Farben tanzen
und mit nach vorn gestreckten Lanzen
gegen alles Graue kämpfen

Doch das Grau, so schwach und dunkel,
ist, entgegen allem Gemunkel,
stark und findet seine Wege
all die Farben die im Leben lägen
auszurotten, bis auf die letzte

GEDANKENFLUCH

Es ist ein verzweifelter Versuch
meine Gedanken zu ordnen
Ist doch sehr wie ein Fluch
Ich würde sie gerne doch ermorden,
diese klagenden Geister,
die sich meine Gedanken nennen,
kleben an mir wie Kleister
Vielleicht bring ich sie zum Brennen

Es sind Worte und Dinge,
die mir nicht mehr entfallen,
wie ineinander verschlungene Ringe,
die mir gar nicht gefallen
Diese klagenden Geister,
die sich meine Gedanken nennen
Ich bin nicht länger ihr Meister,
drum lass sie uns alle erhängen

Und hätte ich die Macht
sie verstummen zu lassen,
dann könnte ich auch bei Nacht
einen klaren Gedanken fassen

HARTE ZEITEN

Harte Zeiten
bedeuten
stark zu bleiben,
mehr für dich
als, dass ich es brauche

Harte Zeiten
bedeuten
einzufrieren,
mehr für euch
als, dass ich es brauche

Harte Zeiten
bedeuten
loszulassen,
mehr für mich
als, dass ihr es braucht

SCHILD SEIN

Ich versuche,
was mir doch recht oft misslingt,
an deiner heimischen Seite
und in deinem wirren Kopf
zu sein

Ich versuche
in deinen blauen Augen
deine zerstreuten Gefühle,
lauten Gedanken und grellen Ängste
zu sehen

Ich versuche
mich wie ein schützender Schild
vor dich,
deinen zerbrechlichen Geist und kräftigen Körper
zu stellen

Ich versuche
für dich das rettende Licht
in der verschluckenden Dunkelheit
und dein treuer Begleiter
zu sein

Ich versuche,
was mir doch manchmal unmöglich erscheint,
es ist dann doch nicht so leicht
für dich, immer und überall, da
zu sein

RETTUNGSRING

Wie konnte es nur so weit kommen?
Uns ist unser Glück entronnen,
Unser Lachen vergangen,
Ein Licht ist uns ausgegangen

Wann kam es nur dazu?
Unser Lachen verfliegt im Nu,
Unsere Blicke werden starrer
Und der Himmel nimmer klarer

Warum ist es denn nur so?
Haben wir all dies verdient?
Ach, es heißt doch sowieso,
Dass die Hoffnung nie versiegt

Müssen wir uns an sie klammern?
Wie an einen Rettungsring?
Oder bleiben wir in unseren Kammern?
Wo wir stets verzweifelt sind?

UNBEZAHLTE RECHNUNGEN

Hand in Hand,
wandern wir durch einen dunklen Raum
Die Fenster sind verdeckt
Womit nur?

Unter unseren Füßen
raschelt es
Papier,
wir haben es aufgewirbelt

Ich greife danach
und erkenne im Halbdunkel
Zahlen und Wörter
fein säuberlich aufgedruckt

Rechnungen,
unbezahlte Rechnungen
überall
Sie verdunkeln den Raum,
machen ihn voll
und machen es uns schwer
hier zu gehen

Sie haben gewartet,
bis wir sie finden,
sie haben gewartet
und jetzt liegt es an uns
sie zu bezahlen

Diese Rechnungen
von Ängsten und zerplatzten Träumen,
von Fehlern und Wünschen
Wir müssen sie begleichen
und sie anschließend verbrennen,
damit wir weiter gehen können

Und plötzlich drückst du meine Hand fester,
schaust mir tief in die Augen,
siehst meine Verzweiflung über die Lage
und nimmst mich fest in deine Arme

LEERE

Diese Leere, die entsteht,
wenn Stress zum Alltag wird
Sie erfüllt meine Gedanken,
jeden Zentimeter meines Daseins
und sie zieht mich in ein Loch ohne Öffnung
Wie ein schwarzes Loch verschluckt sie
mich
Sie verschluckt, was ich war und bin
und macht mich für mich selbst fremd,
denn ich verliere mich in dem Stress
der nun mein Alltag ist,
während die Leere mich verschluckt,
meiner selbst verschluckt
Und während sie mich von innen heraus einnimmt
Irgendwann, dann ist sie überall,
dann ist sie ich und ich versuche vergeblich
aus dem Loch ohne Öffnung zu entfliehen
Und wärst da nicht du
hätte ich schon lange aufgegeben
Und würdest du mich nicht in deinen Armen halten,
dann hätte ich schon lange
keine Hoffnung mehr

MURMELBAHN

Wir haben uns zwischen Schulbuchseiten
Und Tinte auf Collegeblockblättern verloren
Unsere Persönlichkeiten, mit all ihren Ecken und Kanten,
Und versteckten Winkeln und Gassen, sind nun glatt und
rund
Und sie rollen wie Murmeln in dieser Murmelbahn, die
sich Gesellschafft nennt
Jetzt passen wir perfekt hinein
Jetzt sind wir glatt und wenn wir im Inneren unserer Kugel
gegen die Wände treten in der Hoffnung, dass unser Ich
Wieder Beulen bekommt, und Ecken und Kanten,
Dann treten wir gegen Stahl
Der einzige Weg aus der Murmelbahn
Ist sie selbst zu verändern, die Weichen umzustellen,
Oder durch eine Erschütterung rauszufallen
Sich von der Gesellschaft lösen oder die Gesellschaft
lösen lassen
Über andere Ebenen Rollen, Dellen und Beulen bekommen
Um wieder man selbst zu werden, wenn auch mit neuen
Kanten
Ich möchte nicht länger in meiner Murmel sein,
Nicht länger in der Murmelbahn rollen

Wie stelle ich die Weichen um
Und bekomme wieder Kanten?

AUF EINER FENSTERBANK

Ich war einst ein Stapel
fein säuberlich gestapeltes
Papier

Auf jedem Blatt stand
mit Tinte geschrieben
wer ich war

Ich lag auf einer Fensterbank
Manchmal öffnete jemand
das Fenster
und ich hörte Vögel singen

Nicht lange ist es her,
da stürmte und regnete es
und das Fenster
wurde geöffnet

Ich wurde nass
und ich war vom Winde verweht
zerstreut in dem Raum,
den ich mein Leben nannte
und was einst auf den Blättern
geschrieben stand
war nun nicht mehr zu entziffern

Seitdem bin ich
nur noch eine leere Stelle
auf einer Fensterbank

FLUCH DER ANGST

Sie ist so kalt
Lässt mich schaudern
und erzittern, wenn sie mich besucht
Sie ist so dunkel,
dass ich erblinde in ihrem Schatten, unter ihrem Fluch
Sie ist so groß,
dass ich mich so viel kleiner fühle
Sie ist so grausam,
wenn sie mir so durch mein Herz bohrt, zieht fest an den
Schnüren
Sie ist so lange
nicht bei mir gewesen
und nun wächst sie mit jedem Tag
Sie wird auch lange noch an meiner Seite bleiben,
ob ich sie verachte und auch nicht mag
Sie ist die Angst,
die in meinen Knochen sitzt,
die mein Herz durchsticht und erfrieren lässt
Sie ist so schrecklich,
wenn sie da lacht, so verschmitzt
Sie ist mein Untergang und die tiefste Nacht, so gewitzt
So einsam fühl ich mich in ihrer Umarmung,
denn wer vermag mein erfrorenes Herz zu wärmen?
Nur die Hoffnung, die leise flüstert,
da in ihrem Totenbett ihr letztes Stündchen geschlagen
hat

FREIGEISTER

Wir sind Freigeister,
die versuchen mit der Welt mitzuhalten,
die versuchen in diesem großen Universum zu überleben
Wir lieben es strikt unseren Herzen zu folgen,
aber Freigeister sind nicht immer so frei wie sie wollen
Sie sind gefangen, in einem Käfig aus Silber und Gold,
aus Regeln und Erwartungen
Sie werden gebremst von Gewichten,
die es ihnen erschweren vorauszublicken
und weiterzugehen
Freigeister haben es meist schwer im Leben,
denn sie wollen sich auflehnen,
sie wollen frei sein und ihre Freiheit ausleben,
sie wollen sich selbst finden unter all den Menschen
und sie wollen ihren Platz finden,
in einer Welt, die chaotischer nicht sein könnte
Also kämpfen Freigeister um ihre Freiheit,
die doch nur ein Wunschgedanke ist,
denn wenn sie auch aus ihrem Käfig entfliehen könnten,
dann würden sie nur in einem noch größeren irren

WAS DICH NICHT TÖTET, MACHT DICH NICHT STÄRKER

Man sagt: "Was dich nicht tötet,
macht dich nur stärker!"
Es zeigt dir den harten Weg,
den man sich sträubt zu gehen
Es zeigt das Herzblut,
dass man verliert,
wenn man Dinge wagt
oder Wege geht,
die lieber nicht beschritten werden sollten

Aber was ist, wenn sie dich nicht töten,
aber auch nicht stärker machen
Wenn sie dich verwunden
und diese Wunden nicht verheilen
Die Narben reißen immer wieder auf
und man blutet, wie ein verletztes Reh am Straßenrand,
ist genauso hilflos,
ist genauso hoffnungslos
Was ist dann?

Was ist dann,
wenn man schwächer ist als zuvor
Angreifbar und verwundet
Wenn man ein noch besseres Ziel ist
als es ein Leuchtfeuer es sein könnte
Was ist dann?

Dann könnte man sagen:
"Was dich nicht tötet,
macht dich nicht stärker!"

ZERBRECHEN

Brichst, zerberstest
Leid, Zweifel
Elend
Bricht ein Herz
Kracht
Lacht, nicht du,
Aber lacht
Weint, wir
und weint
Schmerz
Zieht, zerrt
Reißt
Bricht, zerbricht
Brichst, zerbrichst
Tränen, meine, deine?
Andere? Nein
Nur lachen
Schrei
Durchschlägt, zerschlägt
Brichst
Du und ich breche
Brechen, wir?
Andere? Nein
Nur lachen
Wir nur brechen

SIE FLIEGT

Leer und klein
Meine Gedanken, ein nichts im unendlichen
Raum der Zeit
Zeit, so schnell und langsam zugleich
steht und pocht, atmet tief ein
und aus, ändert nichts
ist raus und ich klein
und schwach
trage Schuld und Last
weiß nicht wo aus, wo ein
Wo sollte ich gerade sein?
Vom Hoch zum Tief
dieses Mädchen lief
sie fiel, sie fliegt,
sie liegt
am Boden
der Hoffnung
Und was sie hält
einst gehalten hat
ist zu weit
Sie zu klein
zu schwach
und jetzt weiß sie nicht wo hin
Wo aus, wo ein
und wo sollte sie sein?

Und sie tanzt und lacht
Funken sprühen
und man kann das Leben in ihr spüren,
doch sie weint und schreit
ist doch stumm und leis'
denn ihren Halt hat sie verloren
während Zeit versiegt
der Raum mit ihr spielt
eine Erinnerung verschwindet
und es bleibt Leere
eine leere Hülle
während sie tanzt und lacht
und bald schon in das Dunkel kracht
und fliegt und am Ende
am Boden der Hoffnung liegt

GRAUE TAGE

Wenn auch die Sonne scheint
und die Vögel singen,
die fröhlichste Musik spielt
und liebliche Stimmen erklingen,
kann ein Tag so grau wie kein anderer sein
So grau, so grau

Er kann dich einnehmen
Alles, was du fühlst und denkst, wird grau
alles, was du hörst und siehst, wird trüb und stumpf
Alles ist grau, alles ist grau

Drum beachte, dass auch an den hellsten aller Tage
sie für einige auch grau sein können

TRAUMFÄNGER

Spinnennetze fangen
die Träume derer,
die gefangen
sind zwischen Welten,
die weit hergeholt,
und der Realität,
die sie bald einholt

Spinnennetze fangen
die Träume derer,
die verlangen,
dass ihr Leben
sich nicht in immer gleichen Bahnen bewegt
und deren Geist
hoch am Himmel schwebt

Spinnennetze fangen
die Träume aller,
die zu träumen wagen
Drum bleiben alle diese Menschen
traumlos in der dunklen Nacht

FREMDE

Fremde, in mir lebst du
Du präsentierst stolz wer du bist
Setzt dich durch, verdrängst mich,
Doch ich wage gegen dich zu kämpfen
Zu schreien, um gehört zu werden
Ich weiß trotzdem nicht wer von uns beiden spricht
Fremde, verschwinde!
Lass mich bloß wieder allein
Meine Schreie werden erhört
Und du wirst sowieso nicht ewig sein
Also Fremde, nun sag mir,
Warum bist du bei mir?
Aus egoistischen Gründen
Oder willst du zeigen mir
Wer ich wirklich einmal war?
Und wenn du wieder gehst
Kann ich sehen was du wolltest
Also klammer ich mich
An mich in mir
Bevor du mein Sein übernimmst
Bevor ich verblasse
Und ich nur noch eine Fremde bin

SEIFENBLASE

Ich gehe auf meinem Weg,
oder daneben,
so ganz erkenne ich nicht mein Streben,
das Ziel meiner Reise,
auf der ich längst schon kein Mensch mehr gewesen
All die Kraft und das Denken, die mir hätten helfen
können,
doch stattdessen bin ich schwach und Opfer meiner
Gedanken
Ich bin nur eine Seifenblase ohne Ziel
und ein Wort, wie eine Nadel, vermag es mich zu
zerstören
Ein Gedanke bricht mich
Meine Gefühle, reines Chaos, jedes einzelne sticht mich
und ich platze beinahe täglich, errichte ich keine Mauer
Doch eine Seifenblase in einem Safe ist nicht frei, nicht
lebendig
und außerhalb ist sie nicht stark, nicht beständig
Ohne Schutz kann ein jede Nadel sie treffen
und sie wird sich erneut aufblasen müssen

FRAGE NACH SINN

Dunkel, zu hell
Vergiss es, zu schnell,
zu langsam, du atmest
zu laut, zu leise,
auf deine Weise
Zwischen Himmel und Hölle
hat sich ein Loch aufgetan
Ob ich gehe, ich komme
hat niemandem weh getan
Lache laut, weine leise,
auf meine Weise
Sage eines, meine zweites
Singe hoch, treffe tief
Zwischen all diesen Weisen,
dem Himmel, der Hölle,
stehe ich, möchte reisen,
möchte bleiben und stehen
oder doch lieber gehen
Wähle eines, das falsche,
mache anderes richtig,
weiß am Ende doch auch nicht
was war mir nun wichtig

Und nun schlendere ich, falle,
tanze singend und schreiend,
renne weit, renne schnell
und muss doch stehen bleiben,
denn die Frage nach Wahrheit,
die Frage nach Sinn,
nach meinen Wünschen und Zielen
hält mich jedes Mal hin

FEIND

Ein Abgrund vor mir
In der Tiefe liegt Nebel
Was unten ist bleibt hier
Für mich ein Geheimnis

Ich trete an den Rand,
blicke hinab,
habe schon lange erkannt,
dass ich den letzten Schritt auch gehen muss

Doch hinter mir stehst du,
nein, ich, du bist mein Innerstes
In deinen Augen sehe ich,
was ich in mir spüren kann

Eine Angst und das Verlangen alle Schritte vorwärts
rückgängig zu machen,
doch dieser letzte Schritt ist wichtig
Ich blicke weg, wieder hinab

Mein Fuß schwebt, über dem Abgrund,
du hältst mich fest, nein, ich halte mich fest
und ich ziehe, versuche mich zu lösen
doch du hast Angst, ich doch auch

Wir sind gleich stark
Bis du los lässt, werde ich ziehen
Dafür muss ich nur bereit sein
loszulassen, in den Abgrund zu fallen

SEIDENPAPIER

Feines Seidenpapier
Schmetterlingsflügelschlag,
Windhauch, reicht aus
Gerissen, zerstört
Mich selbst, das Seidenpapier
Gerissen, zerstört
Eine Liebe, eine Wärme,
lässt mein Herz für das Leben schlagen,
Hält mich fest
am Boden, doch das Seidenpapier
liegt in Fetzen darauf

ZWISCHENTÖNE

Zwischentöne, mal laut,
mal leise
Mal ein Flüstern
zwischen all dem Chaos des Alltags,
mal ein Schrei
Zwischen mir und allem anderen,
Bin ich die Einzige?
allen anderen
Die Einzige, die sie hören kann?
Diese Zwischentöne,
eine einzigartige Sinfonie,
feine Klänge, grober Lärm
aus Zischen, Klingeln, Sang
Zwischentöne,
wie Farbkleckse an einer weißen Wand
Sind sie gelb?
Nur ich sehe sie
Sind sie rot?
Sie stören, sind doch einzigartig,
Ein Regenbogen
sie triefen
zwischen grauen Wolken
und ich spüre sie
wie ein Stechen,
wie ein Hauchen, Wind
Weht ein Rauschen
Wie ein Messer
zwischen, zwischen meinen Rippen

Nur ich spüre sie
Zwischentöne,
wie ein Schlag
dumpf, rot, schmerzend
Zwischentöne
Bin ich die Einzige?

EIN STIFT VERMAG WELTEN ZU ZERSTÖREN

Ist es der Anfang
von unserem Ende?
Was vermag ein Stift nur anzurichten,
fragt sich
Und doch ist er in der Lage
Welten zu zerstören
Ich frage mich, ob es auch anderen
so wie mir ergeht
Stützen sie auch den Kopf in ihre Hände,
nicht wissend, was falsch gelaufen ist,
nicht wissend, wie ihre Zukunft aussieht
Haben sie auch Angst?
Angst vor dem Ende von Uns?
Haben sie auch Zweifel
an dem Gefühl in ihrer Brust?
Denn ein Stift vermag Welten zu zerstören
Was vermag dann eine Kugel?

WO BLEIBEN WIR?

Ich will dich halten
solang ich kann,
doch tut sich ein Riss auf
da in der Wand
Die kühle Luft, mein Herz erfriert
Wo sind die Bretter?
Wo bleiben Wir?

Ich will dich sehen
solang ich kann,
solang die Sonne noch am Himmel steht
Da ist ein Mond,
er wandert entlang
und dunkel wird auch unser Land
Wo ist das Licht?
Wo bleiben Wir?

Ich will dich spüren
solang ich kann
Die Küsse, die Wärme,
deine Hände an meinem Gesicht,
zwischen meinen Haaren
Die Kälte, die dich befällt
Lass mich doch träumen!
Wo ist das Leben?
Wo bleiben Wir?
Ein Traum gewesen,
ein schlechter nur
Ich will nicht leben
als diese Traumfigur,
die unter Leid und Sorgen,
sich stets verspricht,
dass ihre Welt
nicht zusammenbricht

MUSTER

Muster,
die sich ziehen,
treiben, definieren
den Alltag, das Leben,
überall wird's Muster geben

Lass mich treiben
zwischen Linien und Geraden
Bin doch auch
auf die falsche Bahn geraten

Muster leiten
Muster spielen
Manche lernen sie zu lieben
Muster lenken
Muster zwingen
Wenn ich an die Muster denke
fährt ein Schauer,
zieht ein Stechen,
ach, der Zwang,
man muss ihn brechen

Denn zwischen Linien und Geraden
bleibe ich hängen mit meinen Kanten
Muss dann stehen,
kann nicht gehen,
kann nicht tanzen,
kann nicht sehen

BRÜCKENBÄNDER

Wenn Brückenbänder reißen,
tiefe Schluchten sich öffnen,
der Himmel Flammen spuckt,
die Erde bebt,
dann brechen Dämme,
fluten Täler, Blumenwiesen,
bis alles nur noch nasse Erde ist

REFLEKTIEREN

Deine Augen
sind wie Seen,
sind wie Spiegel,
reflektieren,
zeigen Wahres und Klares
aber ob das wahr ist,
was ich sehe?

War erst trüb,
wie vernebelt
Habe versucht zu erkennen,
was deine Augen mir zeigen
Bin verloren in den Versuchen
zu erraten, was ich sehen kann

Und dann plötzlich wird es scharf,
wird es klar
Ich erkenne!
Erkenne dich, gegenüber von mir,
bist mein Spiegelbild
Deine Augen zeigen mir,
dass ich wie du bin
Ja, ich kann mich in dir sehen
oder andersherum

Sehe wie du deinen Mund öffnest,
wenn etwas in mir es tut
Warum bist du das,
was in mir lebt
und ich nur das,
was ich von außen her errichtet habe?

STUMPF

Ein Leben voller Bäume,
die das Weitergehen erschweren
Dicke Wurzeln, viele Äste,
die mich halten, die mich zerren

Zwischen Blättern gar kein Lichtstrahl,
die Sonne ist versteckt
und die Axt in meinen Händen
ist stumpf und ich zu schwach

Da sind Tiere, die mich jagen,
da sind Menschen, die mich suchen
Wo sie laufen, da sind Wege
und wo ich bin, kann ich nur fluchen

KARUSSELL

Alles dreht sich,
zieht an mir vorbei
Verschwommene Silhouetten
Farben, bunte Lichter
Schatten
Sie kreisen mich ein,
ziehen sich zusammen
um mich rum
und alles dreht sich
Verschwommene Silhouetten
Schatten
Dunkel ist's am Rande
Meine Blicke trüb
und es schwindelt
Alles dreht sich
Schatten um mich rum

ZUM
TRÄUMEN
VERFÜHRT

ZUM TRÄUMEN VERFÜHRT

Du hast es geschafft. Es hat lange gedauert und deine Kräfte sind beinahe aufgebraucht, doch du bist aus dem Höllenteil des Gartens rausgekommen und stehst jetzt auf einer runden Lichtung.

Hohe Laub- und Nadelbäume umringen dich.

Du willst einen Blick zurückwerfen, doch auch dort stehen jetzt Bäume. Vom letzten Teil des Gartens keine Spur mehr. Eigentlich ist von dem gesamten Garten keine Spur mehr, als wärst du durch ein Portal in eine andere Welt geschritten.

Dein Blick wandert zu den Baumkronen, welche in einen rosaroten Himmel ragen. Die Sonne geht unter und die ersten hellen Sterne funkeln.

In der Mitte der Lichtung ist ein kleiner Teich.

Deine Schritte machen kaum ein Geräusch auf dem von Moos und mit weißen Blümchen bewachsenen Boden.

Am Teich lässt du dich auf die Knie fallen. Das Wasser ist klar und sauber und du trinkst davon und erkennst, dass an den Stellen, an denen deine Haut das Wasser berührt all die Kratzer verschwinden, die du vom letzten Teil des Gartens bekommen hast.

Dann hältst du inne. Das Wasser wird wieder ruhig und du siehst dein Gesicht, wie es dir aus dem Wasser entgegenblickt und es lächelt. Über dir fliegt ein Schmetterling hinweg und erst dann fällt dir auf, dass es nun fast vollkommen dunkel ist, denn dir leuchten viele unzählige Sterne entgegen.

Dieser Teich ist wie ein Spiegel in eine andere Welt. Ein Spiegel, der einem ferne Welten und fremde Leben zeigt und du fällst hinein …

BÜHNENSPIEL

Auf der Bühne,
wir sind die Zuschauer,
gespielt wird ein Stück,
welches uns berührt.

Gefesselt vom Geschehen auf der Bühne
halten wir unsere Hände,
drücken sie fest,
wenn die Handlung zu eskalieren droht.

Wir sind nur die Zuschauer,
die gelegentlich in das Geschehen eingebunden werden
und doch nichts bewirken können,
nichts zu sagen haben.

Streit, Skandal, Mord.
Unser Atem stockt.
Das Skript steht, schwarz auf weiß,
fest.

Abweichungen sind laut Regie nicht erlaubt,
nicht akzeptabel, nicht möglich!
Wie sollte es denn sonst weiter gehen?
Deswegen ändert sich nichts.

Es ist alles auf Papier geschrieben,
vorgeschrieben.
Kein Schritt ist nicht vorausgeplant.

Und wenn doch mal jemand versucht seine eigene
Geschichte zu schreiben,
vom Skript abzuweichen,
und wenn doch mal ein Zuschauer etwas bewirkt,
dann stehen wir auf, klatschen und jubeln
für ein Stück, welches uns berührt.

MARGERITE

Eine kleine weiße Blume bei Mondesschein,
wo sie stehts glücklich, jedoch ganz allein,
steht, auf einer Wiese
und es pflückt die kleine Lise
die Blume.

Diese kleine weiße Margerite,
schickte gen Himmel eine große Bitte,
dass Lise sie wohl gut behüte,
die kleine, weiße, zarte Blüte.

Dass Lise ihr gibt einen Platz,
wo sie hört noch ein und denselben Spatz,
der jeden Morgen mit seiner Stimme
der Margerite ein Ständchen singte.

Dass Lise bis zu der Margeriten Ende
sie pflegt und liebt und erzählt die Legende,
nach ihrem Tod, von einer zarten Blüte,
die schön gelebt hat, wegen Lises Güte.

GESETZ DES WALDES

Dort, wo Geheimnisse ihren Ursprung haben,
von niemandem gesehen, verborgen im Schatten
und geborgen zwischen Blättern und Bäumen.

Dort, wo Geheimnisse gehütet werden,
wie ein ungeschriebenes Gesetz,
wird dir niemand verraten was einst passiert ist und
passieren wird.

Dort, wo ich dir meine Geheimnisse erzähle
und du aufmerksam lauschst und nickst,
da kann ich sicher sein, dass auch die Pflanzen und Tiere
meine Geheimnisse hüten werden.

Von niemandem ein Wort,
es wäre ein Gesetzesbruch
bestraft mit der Verbannung.

Keinen Schritt mehr in den Wald,
in den Kern der Geheimnisse,
in das Archiv.

Alles bleibt hier,
geheim, für uns,
sei wachsam und vorsichtig.

Aber habe keine Angst,
denn dein Geheimnis ist hier gut verwahrt.

WINTERNACHT

Kälte ist das Erste, was ich spüre
und Wärme ist das Zweite,
kleine Wölkchen beim Atmen
und heißer Dampf vom Tee.

Ich rieche des Gebäckes Süße
und schaue in die weiße Weite,
auf den Geschenken stehen unsere Namen
und die Flocke fliegt wie eine Fee.

Erinnerungen schicken schöne Grüße
von Weihnachtsmärkten und der Silvesternacht
und während wir noch in den Erinnerungen kramen
wurde für neue ganz viel Platz gemacht.

FENSTERBANK

Von meiner Fensterbank
aus, sah ich einst, wie ein Schiff versank
im dunklen düsteren Meer.

Damals weinte ich sehr,
denn das große graue Schiff
versank über einem großen schönen Riff.

Dort lebten die schönsten aller Fische
und ich erzähl heute noch die Geschichte
von diesem schrecklichen Schiffsunglück.

Und ich denke oft noch an damals zurück,
als ich von meiner Fensterbank
aus, sah wie ein Schiff versank.

CAFÉGESPENSTER

Hier an der Küste,
wo wir uns einst getroffen
Meine Türe stand weit offen
Hereinspaziert! Befriedige deine Lüste!

Ein Platz am Fenster,
eine atemberaubende Aussicht
und der Anblick von deinem Gesicht
in meinem Café, als sähest du Gespenster

Vor dir steht ein Kuchen
und sie tanzen durch den Raum
Ein schreckliches Schauspiel
und doch schön, als hättest du sie herbeigerufen

ITALIEN

Ich gehe an den Promenaden Italiens
Lausche dem Geräusch der Wellen
Rauschender Wind in den Palmen
Kinderlachen in der Ferne
Sonnenschein auf meiner Haut
Das Meer glitzert und die Wellen brechen,
Schäumen das salzige Nass auf

Ich wache auf.

WÖRTERSCHÖNHEIT

Schönheit liegt in den Worten
Der Denker und Dichter
Sie liegt in Freiheit und Liebe
Wie auch in Dunkelheit und Schatten
Jedes Wort ist besonders
Auf jeder einzelnen Seite
In den Büchern des Lebens
Und egal wie ich leide
Liegt die Schönheit in den Worten
Der Denker und Dichter
Auch wenn Schmerz und Verzweiflung
Durch die Texte ziehen
Für Denker und Dichter ist es ein Fliehen,
Wie für Erzähler und Leser,
Von Realität und Problemen
Von Stress und Gewalt
Durch das Leben, das sie führen
Und ein neues wird gemalt
In den Texten und Geschichten
Nach denen sie richten
Und in denen die Schönheit der Worte liegt

UNSER EIGEN MÄRCHENLAND

Ein Jagdschloss in den Bergen
Was soll aus uns nur werden?
In des tiefsten Winters Kälte
als der Kaleschen Glocken schellten

Im Schloss da ist es warm,
spür' des gemauerten Kamines Charme
Da ist ein Hirschkopf an der Wand
Wir sind in einem fremden Land

Und der Koch dort in der Küche
Sag, riechst du auch all die Gerüche?
Kocht für uns, was wir begehren,
erst recht zum Winterfeste ehren

Während die Flammen an den Holzscheiten lecken
und die Schneeflocken verstecken,
was einst grün und frisch und lebend,
ist die Stimmung drinnen bebend

Spielt auf einem Grammofon in der Ecke
die Musik und ich dich necke
Deine Haare durcheinander
und ich merke, wie wir wandern
von wo wir eben noch getanzt
in unser eigen Märchenland

ZEITGESTALTEN

Endlose Zeitgestalten,
Die über die Welten walten
Entscheiden welche Wege führen
Und wer wird die Bühnen küren
Bis zum Ende sind sie immer da
Machen ihre Träume wahr
Ob's schlechte oder gute sind
Man weiß es nicht, die Zeit verrinnt
Diese endlosen Zeitgestalten
Lassen uns allein im kalten
Wasser unseres Untergangs
Flechten uns einen Blütenkranz
Den wir auf unseren Köpfen tragen
Und mögen wir es doch mal wagen
Ihn abzunehmen, weg zu werfen
Oder wenn ihn jemand anderes nimmt,
Dann ist es so weit, die Zeit verrinnt
Wie der Lebenssand zwischen unseren Fingern
Leb wohl, auf dass andere unsere Zeit verringern

LICHTBRINGER

Schau dir mal den Himmel an
Die Sterne, die funkeln, sind jedermann,
der leuchtet im Leben und frei ist
im Geiste alleine, kein anderer durchdringt
die Gedanken und Welten der Lichtbringer
So viele sind doch das dunkle Hintergrundflimmern
Im Anteil so wenige Sterne da oben
wie Menschen, die erschaffen, lernen neues, gewoben
sind ihre Gedanken in Kunst und Musik,
in Texten und Liedern,
in Sprüchen und Bildern
Sie haben sich frei gemacht, von der dunklen Menge
Viel zu wenige, als dass alles leuchten könnte,
doch wäre jeder so leuchtend und frei,
dann gäbe es keine Nacht, der Tag wäre nie vorbei
Bleibt die Frage, ob die Nacht gut so ist?

MEINER SELBST

Ich würde gern meiner selbst begegnen
Mit mir über tiefgründige Themen reden
Mich fest in die Arme schließen
Das Tippen auf der Tastatur genießen
Eine Tasse Tee gemeinsam trinken
Und lass uns den Vögeln winken
Ich würde mir sagen, wie lieb ich mich habe
Mir sagen welches Glück ich doch habe
Mit mir über Wiesen tanzen
Die Sonne spät untergehen lassen
Am Ende des Tages meine Gedichte vorlesen
Um am Morgen aufzustehen und zu merken: Es ist ein
Traum gewesen

FLIEGEN

Mit Flügeln möcht ich mich erheben
Hoch oben durch die Lüfte segeln
An wunderschöne Orte reisen
Nicht immer um die Heimat kreisen

Drum wachsen mir in meinen Träumen
Solch Flügel, ich möchte nicht verleumden
Das Gefühl, welch mich beim Fliegen begleitet
Und der Wunsch, der meine Träume leitet

Werde ich aus meinem Traum gerissen
So stürze ich, werde aus der Luft gerissen
Bin wieder in der Wirklichkeit
Wo nur der Vogel trägt ein Flügel–Kleid

LIEBE NEUGIER

Würde man mich fragen:
Was sind die größten Schätze dieser Welt?
Dann würde ich vom Himmel schwärmen
Mit all sein Sternen
Und ich würde den Mond beneiden,
Wie auch seine Schwester, die Sonne
Und das Blau an warmen Sommertagen,
Wie auch das Grau der Gewitterwolken

Würde man mich fragen:
Was sind die größten Schätze dieser Welt?
Dann würde ich auf all die Bücher deuten,
Die von Denkern und Dichtern und all den Leuten,
Die dieses einmal ausprobiert,
Geschrieben sind und mir so viel bedeuten
Wie mein eigener Geist, der doch ein Dichter ist

Würde man mich fragen:
Was sind die größten Schätze dieser Welt?
Dann würde ich deinen Namen nennen
Den Ausdruck deines Blicks beschreiben
Verlegene Röte würde mir in die Wangen steigen,
Wenn ich an deine Küsse denke
Und deine Hand, die zärtlich streichelt
Und ganz gekonnt würde ich die Frage
Auf den Fragenden lenken, denn habe ich nicht schon
genug gesagt?
Verrate mir doch, du liebe Neugier:
Was sind die größten Schätze dieser Welt?

DAS ERSTE BLÜMCHEN

Nach der kältesten der Jahreszeiten
Schau ich aus dem Fenster auf die immergrünen Weiden
Am Himmel sind nur wenige Wolken
Und Zugvögel, die nach Hause wollen

Durch den kalten feuchten Erdboden dringt
Ein Blümchen, dem die Sonne winkt
Das aller erste seiner Art
Markiert des warmen Frühlings Start

Ich freu' mich auf die Sonnenwärme
Auf den Duft der bunten Blumen
Denn, ja, den Frühling mag ich gerne
Sowie draußen etwas zu tun

ERQUICKENDE NACHT

Weit entferntes Autorauschen
Sterne, hoch am Himmelszelt,
Glitzern, zwischen dem Geäst,
Wie Früchte an den Bäumen

Welch kühle Luft erquickt meine Lungen
Mein Kopf schwebt, ist nun leicht
Hier draußen, wenn die Nacht noch jung,
Scheint alles, alles so weit

Die Füße tragen mich immer weiter
Tiefer in die dunkle Nacht
Und wäre ich nicht so fasziniert gewesen
Hätte ich etwas dagegen gemacht

Stattdessen schaue ich gen Himmel
Den Kopf tief in den Nacken gelegt
Es ist als würde ich verschwinden
In der Nacht und hätte dort gelebt

FRÜHLING ZUHAUSE

Ich habe den Frühling zu mir nach Hause gerufen
In meinem Zimmer stehen duftende Blumen
Und man hört das Vogelzwitschern
Während draußen nackte Bäume im Wind erzittern
Und eigentlich kann ich es kaum erwarten
Draußen wieder etwas zu starten,
Die Sonne auf der Haut zu spüren
Und dass mich sanfte Winde führen
Zu Orten, die ich lang vergessen,
An denen ich habe einst Stunden gesessen
Und verträumt kann ich dann dem Frühling zuschauen
Bevor ich muss wieder nach Hause abhauen

WOLKENDECKE

Die Wolkendecke,
grau und dunkel,
liegt über uns,
verdeckt das Gefunkel
der Sterne, und des Mondes Schein
Heute Nacht stehen wir hier nicht allein
und blicken in die weite Ferne
Ich frag mich, sieht man dort die Sterne
oder liegt die Wolkendecke auch
viel weiter auf den Menschen drauf

FREMDE-WELTEN-WÄLDER

Es gibt Fremde-Welten-Wälder
Und Fremde-Menschen-Städte,
Die verleiten zur Verwirrung
Und zum Verlust der Mensch-sein-Kette

In den Wäldern fremder Welten
Verliert man das Leben um sich herum
Verliert den Halt, den Weg nach vorne
Und man kann nichts dagegen tun

In den Städten fremder Menschen
Verliert man sich selbst, tief mittendrin
Verliert das Sein und auch das Denken
Und man kann nirgendwo anders hin

In der Fremde liegt die Freiheit
Doch auch Leid und Verlust zugleich
Denn verlierst du deine Wege, verlierst du deine Zukunft
Verlierst du dich, sind alle gleich

PFÜTZE

Jedes Wort, ein Tropfen auf Stein,
eine Pfütze, zu klein,
zu groß,
ein See, das Meer
Jedes Wort wiegt schwer,
ist ein Tropfen auf Stein,
eine Pfütze, zu klein

PRINZ

Auf einem weißen Pferd,
so hell wie Schnee,
zwischen dunklem Samt,
glaub' nicht was ich seh',
einen Stern so hell,
dass die Sonne weint
und die Nachtigall beim Leuchten singt
Eine andere Stimme, die erklingt,
wenn der Stern sein edles Haupt erhebt
Ein feines Singen, die Erde bebt
und im Fall der Prinz mich fängt,
legt mich nieder
Mein Mantel in Blut getränkt

VERLIEBT IN DEN TOD

Zwischen hohen Häusern,
die flüstern, die schmeicheln und erzählen,
geht ganz leise und geschmeidig ein junger Mann seine
Wege
Er hört Lügen, erkennt Wahrheit, zwischen Backstein und
Farbe
Hört ein Lachen, ein Weinen, wie war gleich sein Name?
Schleicht anmutig und weich, wie eine Katze,
ein Mädchen in Weiß hinter dem dunklen Mann
Sie ruft seinen Namen und rennt ihm hinterher,
doch obwohl er langsam geht, ist es für ihn nicht schwer
ihr zu entkommen; entrinnen wie Sand zwischen Fingern
So wie er da schreitet ohne Ziel, ohne Plan
und sie hinter ihm gleitet, aus dem Leben, entlang
verlassener Gassen, bis sie beide stehen, denn der Weg
geht nicht weiter,
sie werden schon sehen
Erneut flüstert sie seinen Namen, er blickt ihr ins Gesicht
"Oh, Mädchen, nun weine doch bitte nicht!"
Ganz langsam da geht sie ihn seine Arme,
seine Berührung ein Hauchen, ein kühler Wind, dass sie
fröstelt
In seinen Augen wird ihr Leben sein Ende finden
und sie weiß es, doch Liebe kennt auch ohne schlagendes
Herz keine Grenzen,
also blickt sie und küsst ihn voll Schmerz und
Verzweiflung
und er fängt ihren Körper, ihre Seele steigt auf
und er zerfällt zu Asche, steigt mit ihr hinauf

DUNKLE TÄLER

Hinter schattendunklen Augen
Hör' ein Wispern, Flüche, Sang
Feine Gerüche, schimmernd Klang
Und versteckt sind dunkle Täler
Es schreien der Menschen Fehler
Aus den Tiefen hoch hinauf
Dringen vor die dunklen Augen,
Flüstern die Wahrheit mir ins Ohr,
Dass mein Herzschlag mag gar rauschen
Und es öffnet sich ein Tor
In des Toten Reich, da draußen
Klirrt die Kälte, Sterne funkeln,
Doch ihr Strahlen ist so matt,
Denn vergessen ist das Leuchten,
Das die Augen einst erfüllt hat

KRISTALLENES HERZ

Zwischen alles verhüllenden Nebelschwaden
Gänsehaut auf der Haut,
unsichtbare Blicke schauen
Meine Schritte ersticken, meine Schreie vergehen,
denn hier draußen im Nebel kann ich nichts mehr sehen
Höre ein Flüstern, leise Stimmen:
"Mädchen, nun komm!"
Und es streifen mich Fingerspitzen,
eisigkalt und entronnen, dem Licht,
das nur trüb meine Augen erreicht
und ganz in der Ferne erklingt ein Schrei
Eine Träne, sie glitzert, gefriert auf meiner Haut
und mit jedem Atemzug wird mir etwas Wärme geraubt
Puste feine Wölkchen vor mein Gesicht,
aber bald schon sehe ich diese Wölkchen nicht
Kommen Schritte, immer näher
Es dunkelt, ich spüre einen anderen Atem, nur kälter,
es wird nicht deiner sein
Ich drehe mich, warte, dass ich dich erblicke,
eine weiße Wand, aus Dunst, versperrt meine Blicke
und hinter mir schreitest du aus dem Nebel
Flüsterst sacht meinen Namen, ich habe mich ergeben
Sinke auf meine Knie, die Kälte hat mir genommen
meine letzten Kräfte und bevor das Leben mir entronnen
hast du mich umrundet, gehst vor mir auf die Knie
in deinen Händen da hältst du, das sah ich noch nie,
ein Herz aus Kristallen, funkelt auch ohne das Licht
und während alles dunkel wird höre ich dich

"Geliebte, nun schau doch, was ich dir geben will!
Mein Herz! Gib mir deines!"
und dann wurdest du still
Meine Augen sachte öffnend spüre ich in meiner Hand
etwas Kaltes und Klares, mein Herz, mein Blick genannt
Meinen Namen, du flüsterst, berührst meine Wange ganz
sacht
Eine gefrorene Träne, eisige Fingerspitzen, sie glitzert
wohl auch noch bei Nacht
Du führst langsam und leise dein Herz zu mir heran,
in dir selbst die Kälte, sie kurbelt dich an,
und auch ich führe automatisch zu dir hin,
mein Herz und ich schaue, wie es in deiner Brust versinkt,
so wie deines in meiner, es ist zeitgleich passiert
und nun schlägt etwas lebend in meiner Brust, es ist
verwirrend
Eine Wärme so gut und so strahlend zugleich
verbreitet sich, ein Lächeln, ein Lachen, zu zweit
Während wir beide leben, unsere Leben gerettet,
unsere Herzen beben in des anderen Brust,
leidenschaftlich ergeben endet dies Ritual
in einem ewig langen Kuss

EWIG STREBE

Lautes Lachen,
ich bin alleine
Lasst es krachen
Ich werde weinen,
wenn ich mich mir selbst hingebe
Lache, weine, ewig strebe,
nach Träumen, die ich nur erfüllen möchte
und niemals erfüllen werde
Mein Schutzwall ist herunter gebrochen,
meine Masken sind aufgetragen
Verwischen sollte ich sie alle
und erwischen werde ich mich selbst,
wie ich dann von meinen Träumen lebe,
Talent erkenne, ewig strebe
nach Träumen, die mir offenstehen
Ich werde sie bald vor mir sehen

HINTER BUNTEN VORHÄNGEN

Bunte Vorhänge
verbergen
dunkle Gewitter,
Ein Tosen, ein Donnern,
Blitzen und schlimmer
noch der Schatten
Mittendrin Gestalten,
die wabern, die flüstern,
die schreien
Sie fluchen, sie tanzen
ihr Tanz doch schaurig,
tödlich

Hinter bunten Vorhängen
liegen Welten verborgen

FEE, OH, TANZE!

Fee, oh, tanze!
Dein leuchtendes Kleid,
es funkelt
wie die Sterne dort hoch über uns
Fee, oh, tanze!
Deine Füße sind so zierlich klein
und dein Flügelschlag so leise
Dreht dich! Singe!
Fee, du mein
Tanze, tanze, ich lass dich glücklich sein!
Fee, oh, tanze!
Nun schau nicht so
Dein Käfig, dein Leben,
aus Gold gegossen von meiner Hand
und ich gebe dir was du brauchst
Fee, oh, schau nicht so traurig drein
Lass mich rein
Dein Herz soll mir gehören!
Oh, Fee, nun tanz doch!
Ich lass dich nicht gehen
Ich will dich nicht dort zwischen all den Sternen sehen

DIE FREMDE

Ein alter Mann am Wegesrand
Die Füße haben ihm weh getan
Die Blasen er sich aufgeschunden
Das sind nicht seine einzigen Wunden
Das Herz hat ihm eine Frau zerbrochen
Das Vertrauen ist in zwei gebrochen
Der Kopf schmerzt, die Gedanken haben gestochen
Und in seinem Bauch klafft ein großes Loch
Der Hunger schmerzt ihn heute noch
Und als der Mann am Wegesrand
Dort sterbend lag, ein Liedchen sang,
Da kam ihm eine Fremde Frau
Zur Hilfe, sie sagte ganz genau:
"Oh, alter Mann, so sterbet nicht!
Ich rette euch! Seht in mein Gesicht!
Vertrauet mir, so schenk ich Euch
Das Leben zurück!"

Mit Skepsis und auch wutentbrannt
schlug der alte, halb tote, Mann,
die Frau und spuckte in ihr Gesicht
Und heute sagt er, er erinnert sich nicht
an alles, was danach geschah
Der Tod war damals zum Greifen nah!
Und wäre diese Fremde nicht
So läge er, wie fürchterlich,
immer noch am Wegesrand

LÄCHELN

Ich bin das Mädchen,
dem das Lächeln gehört,
dem der Mond beim Tanzen zuschaut,
dem die Sterne in dunklen Nächten winken
und die Vögel singen für mich,
wenn ich das Haus verlasse,
die Sonne lacht für mich,
wenn es mir scheint
als wären nur noch Wolken da oben
Denn ich bin das Mädchen,
dem das Lächeln gehört

EIN TOTER

Ein Toter
im Leben
Nackt,
nur mit dem, was Gott ihm gegeben,
wie am Anfang,
das Ende
Schon lange gelebt
und heute ergeben
dem Schicksal
des Toten
und wieder im Leben
Nur ein Mal,
nur kurz,
ein Toter
im Leben

TANZ

Es ist ein wilder Akt. Schritt um Schritt. Gewollt gesetzt und einstudiert. Flink, die Tänzer, schnell, geschwind, tanzen schneller als der Wind. Drehen, ziehen, beugen, strecken. So wie die Tänzer es entdecken. Plötzlich ist hier nichts geregelt. Wild getanzt und eingenebelt. Wie in Trance versetzt der Tanz, alle in ihr Märchenland. Ist doch lange nicht mehr heiter. Alle tanzen immer weiter. Füße schmerzen, Blut und Schweiß. In dem Raum wird es sehr heiß. Kein Entkommen, weiter machen, auf dass die Tänzer nicht mehr atmen. Wie sie dort wie Marionetten tanzen, würden niemals wetten, auf das Ende dieses wilden Aktes. Angst und Verzweiflung in den Schritten. Schritt um Schritt. Ungewollt gesetzt, einst einstudiert. Stolpern, fallen, stehen wieder. Drehen, ziehen, beugen, strecken. Wie die Tänzer es einst entdeckten. Vor langer Zeit haben sie betreten und immer noch sind sie benebelt, auf der Fläche, die den Tänzern zugeschrieben. Sie würden dort ihre Tode lieben. Versuchen sich doch zu entreißen. Den Mächten, die sie auf der Fläche halten. Möchten, dass die Bänder reißen. Niemand hat an sie gedacht. Drum tanzen sie dort alle zusammen. Ein Teppich, ist wie ein System, dass warm sich bewegt, ist doch auch nicht flüssig. Hilf den Tänzern zu entkommen! Als Zuschauer hast du Freiheit gewonnen.

DANKSAGUNG

DANKSAGUNG

Dieses Buch fertigzustellen war eine neue und großartige Erfahrung für mich, bei der mich meine Mitmenschen sehr unterstützt haben.

In dem Sinne möchte ich meiner Familie für ihre Unterstützung danken und ganz besonders meiner Freundin Lena, dafür dass sie mich so sehr motiviert hat. Und ich möchte meinem Freund, meiner Liebe, Felix, dafür danken, dass er mich an jedem Punkt dieser Reise motiviert hat und mir bei kleinen sowie großen Entscheidungen geholfen hat.